2018

法制传播研究

（第二辑）

人民公安报社 编

群众出版社
·北 京·

图书在版编目（CIP）数据

2018 法制传播研究．第二辑/人民公安报社编．—北京：群众出版社，2018. 11

ISBN 978 - 7 - 5014 - 5887 - 5

Ⅰ．①2…　Ⅱ．①人…　Ⅲ．①法律—文集　Ⅳ．①D9 - 53

中国版本图书馆 CIP 数据核字（2018）第 254079 号

2018 法制传播研究（第二辑）

人民公安报社　编

出版发行：群众出版社
地　　址：北京市西城区木樨地南里
邮政编码：100038
经　　销：新华书店
印　　刷：北京市泰锐印刷有限责任公司

版　　次：2018 年 11 月第 1 版
印　　次：2018 年 11 月第 1 次
印　　张：9. 5
开　　本：787 毫米 × 1092 毫米　1/16
字　　数：118 千字

书　　号：ISBN 978 - 7 - 5014 - 5887 - 5
定　　价：35. 00 元

网　　址：www. qzcbs. com
电子邮箱：qzcbs@163. com

营销中心电话：010 - 83903254
读者服务部电话（门市）：010 - 83903257
警官读者俱乐部电话（网购、邮购）：010 - 83903253
公安业务分社电话：010 - 83905672

卷首语

两会报道，我们收获了什么

孙　军

2018年两会举世瞩目，这是党的十九大之后召开的重要会议，也是全国人大、全国政协换届的大会。报道好这次两会，成为开年之后各大媒体重大时政报道的一场重要报道战役。本报经过这两年一系列重大时政报道的探索和实践，形成了适合自身媒体特点的两会报道机制，初步形成了融媒体报道的新路径，今年两会报道取得了较好的传播力和影响力。

今年本报两会报道的报道重点、报道方式乃至报道体量、格局已显著改变，读者不仅感受到报道的数量、质量有了提升，更能感受到我们的报道与中央主流媒体同时亮相、同频共振、对标看齐，这也是本次报道中探索实践出的重大时政报道“三重三同”经验，也就是：所有重大报道同步上版，所有重要理论文章同期刊发，所有重要表态同步发声。

“三重三同”经验，是报社进一步深化“中央厨房”报道机制、要闻会商机制的成果。去年以来，报社在两会报道中启用“中央厨房”报道机制、在党的十九大报道中启用要闻会商机制，这些创新实践在今年两会报道中不断完善，加快推动了传统媒体和新兴媒体的深度融合。要闻会商机制目前已经从战时延伸到常态，并且做到了网下网上同步运行。在重大时政报道中，人民公安报充分发挥公安宣传主阵地作用，政治立场鲜明，坚决体现党的意志、反映党的主张，维护党中央权威、维护党的团结。

这些报道机制在采访实践中的不断完善和充分运用，提高了我们采访报道的策划、组织、指挥能力。两会报道精彩纷呈的十多天，凝聚了会前、会议期间许多日夜的辛勤付出，也预示着会后报道的持续跟进。今年的两会采访报道准备工作，在元旦过后就启动了，除了策划选题，一项最主要的工作就是通过记者站联系确定新的全国人大代表、全国政协委员名单，并为“代表委员风采录”栏目约稿。今年两会报道，也是各地记者站与两会采编团队合作最为紧密的一次。随着大会议程的推进，记者站记者参与了大量的配合会议主题的采访报道。我们的两会报道机制，横向协调采、编、播、发，纵向联系上接天线、下接地气，较好地实现了战役式报道的统筹组织和指挥协调。

两会报道从来都是媒体角逐实力的平台，如今更成为媒体展示深度融合、整体转型的绝佳窗口。本报中央厨房机制确保了“一次采集，多端发布”，实现了上会记者、后方编辑同时面对人民公安报和中国警察网、微博、微信等平台的全新运作。上会记者不仅仅要完成文字报道，而且在第一时间发回图片、视频、音频报道，还在重要时点发布图文直播，满足受众第一时间的需求。中国警察网微博设置话题，满足了受众参与两会的需求，话题热度持续，一度登上相关排行榜第一。在后方编辑的支持下，仅有的 5 名上会记者在报纸、网络和新媒体上播发、刊发的稿件数量、质量令很多同行赞叹不已。

本报融媒体报道实践还催生了“两会微网端”栏目、“新警事儿”微信号等新品牌，并且在日常报道中形成良性循环。“两会微网端”在两会期间每天关注在互联网、新媒体上的热点特别是有关法制、公安工作的话题，发现新闻价值的选题，梳理媒体声音、网友留言，进一步做出报道，实现了报网互动、引导舆论。两会之后，在多次重要主题报道期间，本报均采用过这种报道形式反映网上网下对事件的关注和反响，收到了良好报道效果。因为是新的报道尝试，大家每次在布置安排任务时就习惯性地称之“微网端”报道。还要说明的是，两会期间，在采访团队的支持下，这一栏目始终是一名记者在主笔，足见我们记者的采写能力在两会报道中得到了充分锻炼和展示。

两会采访报道对记者能力的锻炼是综合性的，那就不只是采访写作，还有沟通协调、遇事应变、公关交往甚至吃苦耐劳、连续作战等。今年两会采访的一大收获是，上会记者与新的代表、委员交上了朋友，缔结了很深的感情，这也为本届采访打下了良好基础。在记者站的支持下，上会记者在会前就与代表、委员取得了联系，为部里第一时间提供了完整名单。感情的培养来自记者在采访中用心地为代表、委员做好力所能及的服务，当然更多的是他们用踏实的采访和及时的报道打动了代表、委员。在微信群中，我们也能在线、实时、直观地感受到这份真挚感情。在今年的两会上，我们再次收到了总理记者见面会的请柬，出席的记者还坐在了第一排，这都是记者在会场内外积极工作、努力公关获得的难得的采访机会。

两会采访报道的收获很多，但也有不足和遗憾。最大的不足就是缺少可以“打榜”的优秀新闻作品，尤其是在会上采写的优秀新闻作品。两会上，记者如何用公安、法治的视角去捕捉新闻，选题如何在国事和警事间找到聚焦点，让读者看到来自两会现场的“公安好声音”，需要我们认真研究、探索并尽快在采访报道中取得突破。

（作者系人民公安报社采访部主任）

contents / 目　录

卷首语

2018 年两会报道

记者跑两会

“三新” 专题报道经验谈

业务讲座

采访故事

彰显公安新型主流媒体“四度”品格

高　莹

“关于‘奋斗’，你怎么看?”2018年全国两会期间，人民公安报、中国警察网官方微博、微信推出话题征集活动，发布了各地公安民警手举标牌的奋斗寄语图片和视频，人民公安报《两会微网端》栏目刊发报道了《“奋斗”心声说出来　会场内外齐接力》，一场特别的奋斗宣言接力活动在全国警营蔓延。这是人民公安报社策划推出的反映广大民警两会心声的“爆款”融媒体报道产品。

2018年全国两会会期长、议程多、敏感性强、关注度高。全国两会期间，人民公安报社主要领导靠前指挥，编委会成员实行白班、夜班双值班，依托“中央厨房”采编发联动机制、要闻会商机制，整合“报、网、微、端”媒体资源，围绕全国两会时政热点、公安工作亮点主动设置议题，做足公安特色，共推出融媒体报道800余个，多渠道、立体化反映了全国两会盛况，唱响了公安“最美和声”，彰显了公安新型主流媒体有态度、有温度、有深度、有维度的“四度”品格。

据统计，全国两会期间，报社报网官微“公安报记者跑两会”等话题阅读总量破4400万，“两微一端”阅读总量近1700万，中国警察网全国两会报道点击量破3800万，全国政协十三届一次会议开幕当天，“公安报记者跑两会”话题阅读量位居新浪政务话题榜首。

人民公安报
CHINA POLICE DAILY
对党忠诚 服务人民
执法公正 纪律严明

十三届全国人大一次会议举行第二次全体会议

习近平李克强栗战书汪洋王沪宁赵乐际韩正等出席

听取和审议最高人民法院工作报告和最高人民检察院工作报告

坚定不移维护核心 凝心聚力筑强军梦

以"功成不必在我"匡正政绩观

"唯有奋斗，才能不负好时代"

"奋斗"心声说出来 会场内外齐接力

2018 年 3 月 10 日，人民公安报《两会微网端》栏目刊发了

《"奋斗"心声说出来　会场内外齐接力》

讲政治，有态度

全国两会期间，报社实行要闻会商新机制，第一时间刊发推送习近平总书记等中央领导同志参加审议的重要新闻和两会其他重要稿件。每晚"中央厨房"总编调度中心会同采编发联动平台值班主任、"报、网、微、端"编辑分别于央视《新闻联播》后、22 时 30 分召开要闻会商会议，研究当日两会重要新闻，切实做到提高政治站位，增强"四个意识"。

组织公安系统代表委员和广大公安民警就两会重要议题旗帜鲜明地连续发声，展现人民公安的忠诚本色。先后组织刊发推送了公安部党委、公安系统两会代表委员、公安部机关干部、各地公安民警、公安现役部队官兵、公安院校师生拥护中共中央关于修改宪法部分内容的建议、拥护中共中央关于深化党和国家机构改革的决定、维护和贯彻军委主席负责制、拥护宪法修正案及国务院机构改革方案、拥护习近平同志当选国家主席、中央军委主席等重要稿件30余篇，贯穿两会始终，充分反映了公安部党委和广大公安民警、公安现役部队官兵忠诚核心、拥戴核心、维护核心、捍卫核心，坚决拥护中央决策部署的立场、态度和心声。

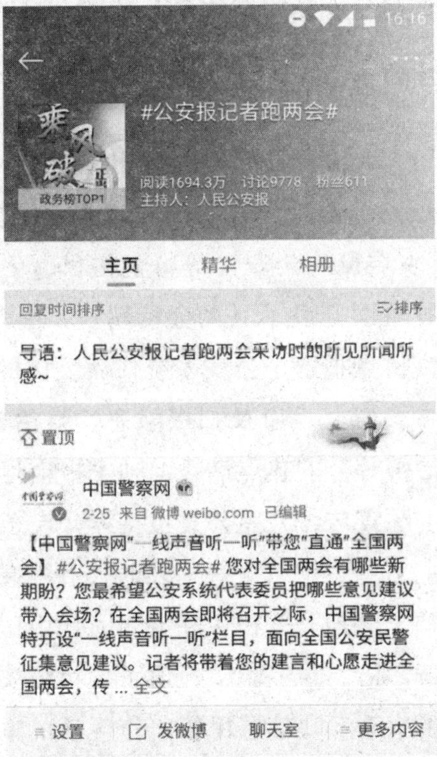

全国政协十三届一次会议开幕当天，"公安报记者跑两会"话题阅读量位居新浪政务话题榜首

抓热点，有温度

一是抢热点。人民公安报开设《两会聚焦》《两会观察》栏目，先后报道了"代表委员通道""部长通道"、审议和通过宪法

修正案、监察法草案、食品安全等全国两会热点新闻，刊发了《两会通道展示新时代自信》《以“功成不必在我”匡正政绩观》等独家评论，中国警察网和报网微信公众号同步推送。

二是盯节点。“三八”妇女节当天，人民公安报、中国警察网、报网微信公众号刊发推送《迎春花开谱新篇　巾帼英姿绽芳华》等报道，反映了公安系统女代表委员节日期间履职尽责，送出了贾平凹、赵季平和警花警嫂等人大代表的节日祝福，报网微信公众号策划推送了“邀请你与公安系统女代表委员聊天”的H5产品。

亮警色，有深度

全国两会期间，人民公安报每天推出《两会特别报道》专版，设置了《两会聚焦》《走近代表委员》《图说两会》《议政之声》《两会特写》《代表委员谈公安》等特色栏目，中国警察网“新时代·新征程”专题页面开设了《两会特稿》《警“划”两会》《两会图解》等栏目，重点报道了公安系统代表委员的履职情况、建议提案准备情况和参会感受，以及扫黑除恶、政治建警、改革强警、科技兴警、从严治警等公安热点话题，独家报道尽显公安“警色”。

为做好公安主题宣传，人民公安报持续开设了《在习近平新时代中国特色社会主义思想指引下——新时代新气象新作为》《公安楷模》栏目，反映了各地公安机关在为新时代中国特色社会主义保驾护航等方面的新举措、新经验，报道了一批公安民警忠诚履职的感人事迹，刊发了生动反映基层民警工作生活的本报记者体验式报道，传递了公安正能量。

促融合，有维度

一是渠道融合，点亮线上线下。两会开幕后，前方记者用视频直播的方式采访公安系统代表委员，后方编辑迅速整合精编，在人民公安报、中国警察网新浪微博“公安报记者跑两会”“两会看公安”话题中以图解、微视频形式推送。次日，人民公安报及报社官方微信公众平台刊发、推送本报记者采写的《走近代表委员》通讯稿件。两会期间，前方记者现场报道都坚持“移动优先”原则，强化可视化表达，实现多渠道传播。

由公安部宣传局会同人民公安报社、中国警察网共同发起组建的全国公安新媒体矩阵第一次亮相全国两会，接力人民日报推出了公安新媒体手指舞，号召全警点赞祖国，实现了全国公安新媒体融合联动。

二是队伍融合，培养融媒型记者。报社前方记者打破分工界限，既要拍摄图片、视频和出镜采访，又要采写文字稿件，真正做到一专多能。报社采访部“新警事儿”微信公众号亮相全国两会舆论场，不断推送本报记者发回的现场融媒体报道，这是报社培养融媒型记者的又一次尝试。

三是内容融合，实现优势互补。人民公安报开设《两会微网端》栏目、中国警察网全国两会专题页面开设《微观两会》栏目，持续关注网络、微博、微信热议的政法公安工作热点、代表委员的建议提案和中国警察网、报社“两微一端”网友用户关注度较高的热点话题。中国警察网推出了“基层声音听一听”等特别策划，报、网微信公众号推送了“我为两会建言”栏目，共征集基层民警和广大网友建议800余条，前方记者带着建议去采访公安系统代表委员，人民公安报刊发独家报道。媒体融合内容精彩纷呈，相得益彰。

（作者系人民公安报社研究室编辑）

在融媒体报道时代精耕细作

王文硕

【摘　要】媒体融合不是为了融合而融合，而是为了强化媒体同受众“有意义”的互动，增强传播效果和舆论引导效果。随着新媒体技术的不断发展，融媒体报道是大势所趋。有的媒体只注重展示记者新奇的“武器装备”，却对利用媒体融合拓展和深化民意与两会的互动使劲不够、创新不够，这并不符合媒体融合的实质。本文以人民公安报 2018 年全国两会采访“后方团队”工作为例，梳理了融媒体报道时代行业报报道两会过程中的一些做法，并简要提出了新媒体语境下引导网络从众心理的建议。

【关键词】融媒体报道　媒体融合　“把关人”理论

把关人理论，最早是由美国著名社会心理学家、传播学四大奠基人之一库尔特·卢因在《群体生活的渠道》一文中提出的。卢因认为，在研究群体传播时，信息的流动是在一些含有“门区”的渠道里进行的，在这些渠道中，存在着一些把关人，只有符合群体规范或把关人价值标准的信息才能进入传播渠道。

进入“人人握有麦克风”的新媒体传播时代，不可避免地对传统媒体的“把关人”角色提出了挑战。但笔者认为，环境的变化并不意味着把关过程的终结，而是一个新的把关时代的开始。新时代下“把关”发生在信息传播的各个方面。

根据报社安排，2018 年全国两会期间，笔者在后方协助前方报道组做好报网融合工作，在《两会微网端》栏目中耕耘，并参与采访部微信公众号“新警事儿”的创建、试运行。在全过程中，笔者收获良多。总地来说，此次全国两会，我们的工作主要体现在三个“抓”。

抓原创，两个“首次”引发媒体关注

在新媒体传播时代，纸媒的生态环境更突显了“内容为王”的规则。在两会报道中，我们坚持以内容优势赢得发展优势，努力推出更多接地气、有温度的新闻作品。

具体到《两会微网端》栏目，抓原创、抓内容，集中表现为两个“首次”。

第一，首次系统盘点了主流媒体报道公安代表的情况。由于今年全国两会的特殊性，公安代表、委员的建议和提案不是我们的报道重点，但这并没有难住我们。公安代表和委员们的建议、议案和提案，激发了怎样的社会反响？获得了哪些媒体的关注？媒体为什么会集中关注公安代表、委员的声音？今年两会，我们主动策划，提前沟通，持续关注了公安代表、委员的声音引发的社会反响。

3 月 12 日的第四版，我们采写的《心系基层为公安工作鼓与呼——公安系统人大代表获媒体超高“点单率”》稿件刊发，详细盘点了人民日报、新华社、中央电视台、法制日报等主流媒体对公安代表和委员建议、议案的关注。

第二，首次反映了前方记者与网友沟通互动的情况。两会期间，我们提前策划，将跑会记者请到前台，呈现他们在两会期间与网友互动的场景。

3 月 11 日，《亲密互动“不打烊”线上线下沟通忙——融媒体机制让前方记者与网友“零距离”》一稿，配合图片刊发于微信公众号，引发了强烈反响。

以实际行动学习宣传贯彻实施好宪法
自觉捍卫宪法权威推动宪法实施

公安系统人大代表获媒体超高"点单率"

www.cpd.com.cn

04 要闻

心系基层为公安工作鼓与呼

公安系统人大代表获媒体超高"点单率"

口本报记者 王文硕

"在今后的工作中，我们要紧密团结在以习近平同志为核心的党中央周围……"3月5日，在中央电视台综合频道《晚间新闻》中，出现了全国人大代表、黑龙江省齐齐哈尔市公安局禁毒支队缉毒二大队大队长魏春的身影。身着警察制服接受采访的她在人民大会堂的人潮中分外抢眼。

魏春并非个例。今年全国两会期间，公安系统的全国人大代表们以丰富的基层经历、广泛的社会调研和严谨的工作作风，获得众多网友点赞，也成为各大媒体争相邀约采访的"座上宾"。

商国是，公安系统代表获各大媒体超高"点单率"

"每年两会，公安系统的代表都很受媒体欢迎，因为要谈'法治中国'，他们是非常合适的人选。"一位媒体同行告诉记者。

的确，在中国法治化建设的征程中，公安系统代表是感触最深、最有发言权的群体之一。

这不，全国人大代表、山西省太原市公安局杏花岭分局三桥派出所社区民警杨蓉就被许多媒体"点单"了。她的名字出现在3月5日人民日报两会特刊《政府依法行政 社会奉法行事》一文中。在接受人民日报记者采访时，她表

3 月 12 日，人民公安报盘点公安代表受媒体关注情况

抓渠道，开设"新警事儿"微信公众号同步推送

为进一步提升采访部记者的融媒体报道能力，今年全国两会期间，采访部微信公众号"新警事儿"亮相舆论场，并不断推送本报记者发回的现场报道，这是我们在融媒体报道路上的一次重要尝试。

作为"新警事儿"公众号开通过程的具体经办人，我受益良多。大到公众号的定位、简介、栏目设置，小到每一次与腾讯客服的沟通咨询、协调处理，于我而言都是全新的体验。

在报社的统筹下，这个年轻的微信公众号抓住了全国两会的关键节点，推出了一系列精彩的主题报道，图文并茂，生动入理，紧密贴合两会主题，在报社新媒体矩阵中增添了新的亮色。两会期间，"新警事儿"发布了《快来看，人大代表为"公安好声音"出镜!》《快看！两会现场，"人民公安报"在玩"快闪"》等十余篇新媒体作品。既有文字内容，也有前方记者传来的视频。鲜活的报道形式以及报道渠道的拓展，收获了众多粉丝，也极大地锻炼提高了记者的综合能力。

"新警事儿"亮相不久，就呈现了良好的"吸粉"能力。如

今，在报社的鼓励支持下，在各地记者站的大力支持下，微信公众号已逐步形成品牌，粉丝累计超过 7 万。我们将在前期良好的基础上，继续精耕细作，让这块新媒体试验田发挥出更大的作用，唱响公安好声音。

“新警事儿”微信公众号持续关注两会

抓融合，线上线下接力活动传递正能量

《两会微网端》栏目持续关注互联网中政法公安工作热点、代表委员的建议提案和网友关注度较高的热点话题，并通过“奋斗”主题接力、“点赞中国”手指舞等活动传递公安正能量。

先来看奋斗主题的持续跟进。3 月 10 日第一版，刊发《“唯有奋斗，才能不负好时代”——“奋斗”心声说出来　会场内外齐接力》，开启《两会微网端》关于“奋斗”主题接力活动的持续关注；3 月 13 日第四版刊发的《“唯有奋斗，才能不负好时代！”——没有等出来的精彩，只有拼出来的辉煌》，再次把目光聚焦“奋斗”主题，掀起了线上线下的正能量传递热潮。

两会“奋斗”接力活动开端

再来看手指舞活动。今年，由公安部宣传局和报社、警网共同发起组建的全国公安新媒体矩阵第一次亮相全国两会，接力人民日报推出了公安新媒体手指舞“点赞中国”产品，号召全警用手指跳舞的形式为祖国点赞，实现了全国公安新媒体融合联动。3 月 15 日第五版，《为中国点赞！公安新媒体手指舞成“爆款”》一文刊发，再现了手指舞接力挑战中，以“@苏州公安”“@首都网警”为代表的公安新媒体矩阵，以阳光健康、充满正能量的形象赢得了大批网友的点赞。

经过统计，3 月 3 日至 20 日，《两会微网端》栏目共刊发稿件十余篇，其中，有两篇被评为 B 稿；“新警事儿”微信公众号共发布两会主题相关各类报道二十余篇，获得了积极的传播效果。

中国人民政治协商会议第十三届全国委员会主席副主席简历

为中国点赞！公安新媒体手指舞成“爆款”

www.cpd.com.cn

05 要闻

为中国点赞！公安新媒体手指舞成“爆款”

□本报记者 王文硕 刘 健 通讯员 金汝容 李明明

谁说警察蜀黍不时髦？谁说他们总是板着脸？

这不，在人民日报发起的“中国很赞”手指舞挑战中，以“@苏州公安”“@首都网警”为代表的公安新媒体矩阵以阳光健康、充满正能量的形象和饱满的精神状态赢得网友点赞。

加入挑战：公安官微用手指舞为祖国点赞

“人民日报新媒体邀请你一起来加入‘中国很赞’手指舞挑战，众筹《中国很赞》MV。请在微博#中国很赞#话题页或微博故事#中国很赞#活动页中上传短视频或微博故事，发布微博并@人民日报！只要上传你的视频，就有机会跟偶像同框，快转发学起来！”

两会期间，人民日报在官方微博发起了这条以“中国很赞”为主题的手指舞挑战邀请，并请刘涛、张艺兴、杨幂等演员为大家送上手指舞动作分解教学。目前，这一话题阅读量已突破5.6亿人次。

手指舞，是时下流行的一种用手指各种动作配合音乐来表现相应主题的运动，通过手指和手腕关节的弯曲、旋转、跳跃和颤抖等形式，达到“舞蹈”的视觉效果。以这样新颖的形式，既能唱响为祖国点赞的主旋律，又能宣传公

人民公安报《两会微网端》栏目关注手指舞成“爆款”新闻

总地来看，今年两会的感受可以概括为两个“日益重要”：

一是夜班会商机制的作用日益重要。两会期间，每晚9点召开视频会，对前后方信息及时沟通交流、品牌亮点策划都发挥了十分重要的作用。

二是后方记者组日益重要。后方记者组实际上承担了一次采写、多次分发的重要功能，与前方报道组打好配合战，可以收获事半功倍的效果。

媒体融合发展是大势所趋。媒体融合发展，关键在于内容建设。我们需要以更加积极的态度、更加有力的措施推进媒体融合发展，坚持内容为王，推出更多接地气、有温度的新闻作品，以内容优势赢得发展优势，以改革创新精神推进媒体融合发展，继续努力，不断前行。

（作者系人民公安报社采访部记者）

答好“三道新考题”

张耀宇

两会采访，一年一度。如一场战役，需要运筹帷幄，需要步步推进，需要令行禁止；似一场大考，需要复习充分，需要见题拆题，需要气定神闲。

近几年报社的两会采访，基本已经形成了一整套高效实用的工作机制，包括会前制订采访计划、拟定重点选题和分工、向记者站约稿、确定对口记者；会中发布每日稿件清单、稿件初审、每晚例会小结当日部署明日；会后梳理稿件目录、贯彻两会精神约稿、及时总结得失，等等。

在两会采访这场每年必打的重要战役中，采访部的角色可以比作整个两会采访战役的“前线采访指挥部”，除策划、指挥前方记者组、后方记者组采访工作外，主要负责汇总采访信息、先期处置前方采访“警情”、初审一线采访稿件、及时与后方沟通协调等，以及遇有重要情况及时向报社领导请示。

今年全国两会是党的十九大之后的第一次两会，是换届之年的两会，意义重大，非同以往。这些不同可以归纳为“三个新”——新面孔（新一届的代表委员）、新主题（宪法修改、机构改革、监察法通过、选举国家主席等）、新话题（“奋斗”主题接力、“点赞中国”手指舞等）。

对于两会采访工作而言，“三个新”又转变成“三道新考题”——如何介绍新面孔？如何报道新主题？如何把握新话题？

怎样答好这“三道新考题”？下面与大家一起分享今年全国两会采访部前方记者组、后方记者组整体策划、采访的心得。

如何介绍新面孔
——“你见，或者不见我，我就在那里。”

【第一个问题】新一届全国两会代表委员中，公安系统代表委员都是谁？

【解题办法】记者站汇总＋记者查证＋内部验证。

这是做好两会采访必须掌握的最基本、最重要的信息。看似容易的问题，要找到答案却非常不易。

与五年前一样，今年两会仍然没有官方的权威信息，我们只能寻求报社全国各省市记者站的帮助。春节前，一份通知通过记者之家和报社企业微信号发向各地，公安系统十三届全国人大代表、全国政协十三届委员的信息也陆续传来，据此，我们掌握了7位公安系统代表委员的信息。

同时，各位记者四处打探，从各个代表团陆续公布的名单和各媒体同行的资源方面搜寻。两会开幕前几天，我们每天都有“新发现”，公安系统代表委员表一直在“滚雪球”。直到3月2日，公安系统人大代表人数定格在14人，公安系统政协委员人数定格在5人。对照公安部有关部门的数据，竟完全一致。

本届两会公安系统代表委员人员构成有一些新特点：在地域分布上，代表委员们来自全国11个省、自治区，东南西北中都有代表或委员当选；在性别构成上，有4名女代表，与往年相比，女代表比例有较大提升；在警种构成上，既有刑侦、治安、禁毒、网安、边防等传统警种，也有信息通信、刑事技术等警务技术类警种，具有更广泛的代表性。

在两会召开进程中，我们又陆续发现和掌握了3位保安系统人大代表和2位警嫂人大代表的信息。

【第二个问题】新一届公安系统代表委员都长啥样？

【解题办法】采访约见+“蹲守”。

因为大会日程和各代表团活动安排紧凑，要与代表委员见面并不是件容易的事情。有时候尽管已经提前约定好，但是代表委员由于上一项活动没有完成或者临时有变，经常需要记者多等几个小时，甚至被迫取消计划。

还有的代表委员由于工作等原因很难联系上，我们的记者就采取传统有效的老办法——在驻地“蹲守”。用一句有名的诗句形容就是——“你见，或者不见我，我就在那里。”

此外，我们的记者要把握好“蹲守”的时间（主要是一日三餐前后、参会前和散会后），才能提高成功率。

这样的执着也感动了代表委员，见面之后，他们的话匣子也都打开了。

这时，记者们的手机、相机就大显身手了，一张张照片、一段段视频被及时发回报社，新一届公安系统代表委员的模样迅速通过我们报社的“两微一端”呈现在读者面前。

【第三个问题】新一届公安系统的代表委员都带来了哪些“好主意”？

【解题办法】从人到思想。

如何挖掘公安系统代表委员“好主意”的“聚宝盆”？我们分两步走。

第一步，走近他们的个人。

对每名公安代表委员的个人整体介绍。春节前一周，我们就发出通知请相关记者站采写介绍公安代表委员的素材稿件，包括个人情况和事迹、当选感受、准备建言献策的主要内容，同时提供其工作照片。

会前几天，对口负责的记者通过当面采访，记录感性认识，结合素材稿件，完成“走近代表委员”稿件。

第二步，走近他们的思想。

虽然是“两会新人”，但这些公安代表委员大都是来自基层一线、摸爬滚打的“业务高手”，对本警种本部门乃至本行业都有自己深入的思考和独到的见解，这些思考和见解也渗透进他们的建议、提案、议案中。

我们的记者也是通过采访并倾听代表委员的一条条建议、提案、议案，逐步了解他们的观点，对代表委员从感性认识逐步上升到理性认识。

同时，我们通过建立代表委员和记者的微信群，实现与代表委员的随时密切沟通联系，也搭建了代表委员们之间互相联系沟通的平台。

当然，这是一个渐进的过程，要在一次次采访对话中积累互信，以达到最理想的状态——理解他们的所思所想，甚至成为他们的朋友。

如何报道新主题
——报社最大规模最为集中的约稿统稿“大作战”

今年“两会”是一次十分重要且非比寻常的两会。除了审议政府工作报告等常规要点外，还审议通过宪法修正案、监察法草案、国务院机构改革方案，选举国家主席等，无一不是“头等大事”。

做好这些大事的报道，就是今年两会报道的新主题。除了刊发新华社重要通稿等“规定动作”外，如何设计好“自选动作”，将考验一家媒体的政治意识、大局意识和专业素质。

根据部领导和宣传局领导的指示，按照报社领导的要求，我们逐步设计实施了多层面、多梯次，既覆盖全面又突出重点的新主题表态反响报道计划。

围绕这些新主题，我们按照两会重要日程确定了发稿时间，提前择机发布了一系列约稿通知，与各地记者站、部直属机关党委宣传处协作配合，与部各业务局和直属机关宣传政工部门紧密联系，确保所有素材稿件及时到位。

全国各省区市——各地记者站完成了所在省区市公安厅局和部分地市公安局局长、公安英模的约稿任务。完成相关稿件10余篇。

公安部直属机关——报社采访部与公安部直属机关党委宣传处共同约到了各业务局和直属单位的“声音”。完成相关稿件8篇。这是报社首次与部直属机关党委宣传处启动全面合作机制，实现向部直属机关“大规模约稿”（以往都是记者点对点联系约稿），有计划地共同发布约稿通知6次。

公安代表委员——前方记者对口联系，请每一名公安代表委员充分履行职责，积极撰写稿件。代表委员和记者的微信群也在其中发挥了重要作用。完成稿件9篇。

这样的稿件好写，因为内容大同小异；这样的稿件也不好写，同样因为内容大同小异，更因为不同寻常的准备——大量的、不为人了解的、枯燥的联系约稿工作。尤其在两会前期，后方记者经常在下午编前会上领到任务，又持续2个小时给局长们编发短信（因为时间紧迫无法走常规程序，好在多数局长都很理解支持），直到凌晨才能交稿。

可以说，这是我到报社工作18年来经历的最大规模最为集中的约稿统稿“大作战”，共发布约稿通知20余次，完成稿件20余篇。

如何把握新话题
——一手抓《两会微网端》，一手抓融媒型记者培养

两会新话题在哪里？在媒体报道中、在互联网上、在微博微信里……如何把握好新话题，我们做到“两手抓”。

【一手抓】抓联结报网的《两会微网端》稿件。

去年推出的《两会微网端》系列稿件广受赞誉，在此基础上，

今年我们继续在此方面发力。后方记者与警察网新闻中心、新媒体的战友们共同努力，推出了一批有温度、有“热”度的稿件，完成稿件12篇，其中系统盘点主流媒体报道公安代表情况、反映前方记者与网友沟通互动情况的两篇稿件获评B稿。

【一手抓】抓融媒型记者培养。

按照报社培养融媒型记者的思路，在去年两会采访基础上，前方记者继续锻炼“一专多能”，既要采写文字稿件，又要拍摄图片、视频，更要自己出镜采访。

采访部“新警事儿”微信公众号亮相全国两会舆论场，连续推送本报记者发回的融媒体报道20余篇，这也是报社培养融媒型记者的有益尝试。

在每晚9时前方、后方记者和警察网新闻中心、新媒体值班编辑参加的微信语音例会上，除了部署网络安全漏洞管理、防范儿童性侵害、食品安全、打拐、实行大数据分级安全保护机制、加快推进个人信息保护系统化立法等公共安全、政法公安工作热点报道外，我们及时捕捉到“奋斗”主题接力、“点赞中国”手指舞等热点话题，策划组织了一系列“两微一端”的话题，通过“报、网、微、端”发布了一系列报道，传递了公安正能量，唱响了公安好声音。

据统计，本次两会报道，采访部前方记者组、后方记者组共完成正报文字稿件90篇（其中，时政稿件2篇、走近代表委员14篇、代表委员议国事9篇、重大事项表态稿件11篇、代表委员谈公安6篇、两会聚焦12篇、议政之声10篇，以及现场报道的两会特写9篇、两会微网端12篇、综合报道稿件5篇），比2017年的79篇增加13.9%，报道质量和数量都有了进一步提升（2016年文字稿件69篇、2015年文字稿件61篇）；制作正报图片报道18篇；完成内参报道3篇；发回短视频50多个、照片100余张。

（作者系人民公安报社采访部副主任）

着力机制创新　强化协同作战

霍志坚

2018年的两会，是党的十九大之后召开的第一次两会，修宪、选举国家机构领导人……会期长、议程多、敏感性强，举国关注，举世瞩目。做好两会报道工作意义重大、责任重大，任务极为繁重。

20多天的两会报道中，在社党委的领导下，总编室克服人员少、工作强度大、压力大等困难，和各部门通力协作，严格按照报社的部署，紧扣主题，紧盯议程，牢牢把握正确的导向，严守宣传纪律，突出强化“四个意识”，突出报道总书记的重要活动、重要讲话，同时着力机制创新，加强统筹融合，推出的“两会报道”特刊规模空前，讲政治、有特色、有亮点，没有出现任何政治差错。此外，人民公安报媒体阵营舆论引导能力进一步提升，“中央厨房”机制得到检验，媒体深度融合得到有效推进，较为出色地完成了报道任务。

着力机制创新，全员上岗备勤备战

今年年初，按照社领导的部署，总编室会同多个部门开始着手研究策划两会报道工作。报道方案报经领导审批确定后，我们立即对接图片与版式设计部，提前做好版式和栏图的设计工作。

两会期间，报社大胆探索、锐意创新，在“中央厨房”工作机制的基础上首次启动要闻会商机制和双值班制。要闻会商机制由社领导牵头，一体指挥，研判报道重点，协调重大采访，组织采编协作，研究版面处理，分析传播效果等。

总编室与编委会步调一致，同步实行这一战时机制，全员上岗备勤备战，四个版面全部实行夜班编辑模式。总编室每天三个主任值班，白班主任梳理当天新华社稿库、本报稿库来稿情况和人民日报等报纸的报道情况，在每晚《新闻联播》后的要闻会商会上进行通报，同时主动收集有关线索，在要闻会商新机制下初步提出当日版面安排意见，为领导决策提供参考。夜班主班主任负责一、四版，副班主任负责二、三版，在22时30分配合值班社领导再次梳理版面稿件，同时主动与新华社沟通了解当晚重要稿件发稿情况，并加强与检法两家报社的沟通。

这一套机制的实行使总编室在落实编务工作的同时，充分发挥了参谋、助手的作用。

人民公安报社总编辑孙福会（左三）两会期间坚持一线指挥

紧扣会议议程，把握正确导向

报道讲政治，有态度。修宪、选举国家机构领导人、机构改革事关党和国家发展的全局，是今年“两会”的重点。我们在两会报道中紧紧抓住这一重点，以高度的政治责任感突出强化“四个意识”，坚定维护以习近平同志为核心的党中央权威，使得整个报道始终在思想上政治上行动上同以习近平同志为核心的党中央保持高度一致。

两会期间，一版重点刊发习近平总书记等中央领导同志参加审议的重要新闻。两会重要稿件大量采用新华社播发的权威性报道，做到了重要稿件应发尽发。同时，重要报道坚持和人民日报对版，确保重要报道的一致性。

两会期间，总编室按照报社的策划要求，第一时间大篇幅刊发了公安系统代表委员和广大公安民警表态发声稿件，展现人民公安忠诚本色。编辑刊发了部党委、公安系统两会代表委员、部机关干部、各地公安民警、公安现役部队官兵、公安院校师生，拥护中共中央关于修改宪法部分内容的建议、拥护中共中央关于深化党和国家机构改革的决定、维护和贯彻军委主席负责制、拥护宪法修正案及国务院机构改革方案、拥护习近平总书记当选国家主席和中央军委主席等重要稿件，形成了规模声势，充分反映了公安部党委和广大公安民警、公安现役部队官兵忠诚核心、拥戴核心、维护核心、捍卫核心，坚决拥护中央决策部署的立场、态度和心声，充分发挥了公安机关党报举旗定向、舆论引领的作用。

报道讲思想，有深度。在报社领导的策划下，总编室在一至四版开设《两会聚焦》《两会观察》《走近代表委员》《图说两会》《议政之声》《两会特写》《代表委员谈公安》等特色栏目，运用多种编辑手段，创新运用图表图片等素材，重点报道了公安系统代表委员的履职情况、建议提案准备情况和参会感受，以及政治建警、改革强警、科技兴警、从严治警等公安热点话题和两会重点、热点新闻，报道形式和版式均有了新的突破。《两会通道展示新时代自信》《以“功成不必在我”匡正政绩观》等多篇独家报道、独家评论，发出警界最强音，更显公安报特色。编辑提供思路，协助美编制作了大量通俗易懂的数据图表、可视化图文，使报纸版面层次更丰富、更多元、更立体，让报道更有传播力和影响力。

报道讲特色，有温度。为做好公安主题宣传，我们还开设了《在习近平新时代中国特色社会主义思想指引下——新时代新气象新作为》《公安楷模》栏目，反映了各地公安机关在为新时代中国特色社会主义保驾护航等方面的新举措、新经验，报道了一批公安民警忠诚履职的感人事迹，刊发了生动反映基层民警工作生活的本报记者体验式报道，传递了公安正能量。

认真编辑表态稿件，严守宣传纪律

两会期间，总编室与专题部、评论部密切配合，按照报社的策划，第一时间大篇幅刊发了公安系统代表委员和广大公安民警表态发声稿件。对总书记多次重要讲话以及修宪、机构改革的表态反响稿，就是前方、后方记者与总编室通力合作的结果。这些表态稿件分量重、政治性强，涉及单位多，31 个省区市，30 多个业务局、事业单位，有的甚至多达 8 万字。

在最初的编辑中，我们曾有过失误，快签字时发现漏掉了部分重要内容，个别表述还不准。惊出一身冷汗后，我们立即采取了多项措施堵塞漏洞。我们设计了一份表格，涵盖各省区市及业务局，分别按照行政区划和业务局序列进行排序，来一份稿件就在表格上划勾，在稿件上标注。同时我们又整理了一份资料，对照新华社、人民日报的稿件，把重要、准确的表述内容整理成资料发给每一名编辑。要求每人都要认真学习，每一字每一句都要仔细斟酌，对标对表。

这一组六个波次的表态稿件没有出现任何政治差错，形成了规模声势。

两会期间，按照要求，我们坚持和人民日报对版，确保重要报道的一致性。与人民日报对版，只能采用电话形式，这对编辑的能力、水平以及心理承受能力来说都是极为严峻的考验。因对版不仔细、问得不到位，造成严重见报差错的事例在外单位已有多次，教训十分深刻。

对版都在10点半以后进行，这一时间前人民日报不接任何电话，10点半后电话也多占线。大家端正心态，认真虚心，对版面的版式、稿件的位置安排、标题字体字号、图片大小，我们的编辑都要问得清清楚楚，也要听得明明白白，重要内容复述核对，以防出现差错或信息遗漏。他们深知，稍有差池，就可能导致重大错误。在大家的努力下，我们没有出现任何政治差错。

突出团队精神，强化协同作战

每次重大报道，心往一处想，劲往一处使，拧成一股绳，这是总编室一直以来的传统，更在这次两会报道得以继承和发扬光大。一个多月的时间里，在社领导的率先垂范下，大家都是“上会”状态，都是“作战”姿势，都是“一级战备响应”，没有一个人掉队。编辑桌面上堆得最多的是咖啡、红牛和感冒药。

遇到换版，一个电话，有的编辑半夜从40公里外的地方赶过来；遇到临时编辑加工的大稿，所有的编辑纷纷请战，主动加班，互相支援，比的是责任，讲的是奉献。从报道方案的落实到版面的布局再到稿件的修改，大家群策群力、集思广益，还堵截了新华社通稿的几个错误。

我们为这支作战小分队感到骄傲。两会结束后，我们曾做过一个小调查，平均每人成功瘦身3斤。

回眸20多天的两会报道，我们和各部门一起付出了艰苦努力，也收获了丰硕成果。据不完全统计，从3月3日到3月15日，两会期间共推出特刊67块版，刊发文字稿件400余篇、评论8篇、图片172幅、图表10组。每日推出4到8个版的“两会特别报道”专刊，数量同比增加了一倍，为历年之最。

我们深知：两会报道的成功，是社领导正确决策和指挥的结果，是报社各部门整体配合、团结协作的结果，是编辑记者不懈努力、辛勤付出的结果，大家共同烹饪了一道有特色、有亮点的精美大餐。

两会报道已经圆满收官，新的战斗又在前方召唤。今年是改革开放40周年，党和国家大事多，宣传报道任务重，我们将把两会报道中积累的好经验、形成的好作风坚持下去，积极作为，奋发有为，以高度的政治责任感和饱满的精神状态迎接新任务、迎接新挑战、迎接新时代。

（作者系人民公安报社总编室副主任）

与代表委员心连心共“履职”

石　杨

2018 年的全国两会，对于前方记者来说，最大的挑战是代表委员都是新面孔。那么如何在 5000 余名代表委员中寻觅到“自己人”？如何和新代表委员处好关系？如何与他们心连心共“履职”？如何与他们打好宣传合作牌？这是前方记者需要破解的一道道难题。

众里寻他千百度

为充分做好两会报道、关注公安机关代表声音，采访部于 2018 年 1 月 19 日就向全国记者站发送通知，请各地及时收集线索上报，尽早与代表委员沟通，为大会开幕做好准备。会前，各地报上来 7 名代表委员信息。

在记者站提供的基础上，前方记者每天紧盯各省市区两会预热新闻中发布的参会人员名单，一个省一个省地翻寻。

记者还从两会采访媒体的微信大群里搜集信息，在获取信息的同时，及时共享给其他媒体。两会期间，媒体间互帮互助，是报道可以按时高效完成的一个重要因素。

两会报道，收集、过滤海量信息是基础，前方记者要善于广撒网，不要坐等，要积极主动抓住各类可利用资源，如各地发布的两会信息和平时积累的媒体资源。

最终，在政协会议开幕前一天，前方记者搜集并统计到涉及公安系统的所有代表委员的信息。

相见何必曾相识

对于记者来说，对话“新人”首先要了解这个人的基本情况和性格特点，才能在之后的采访中取得对方信任，让采访对象敞开心扉。这几年参加两会，感受最深的就是两会公安代表委员乐于和公安报记者打交道，但是也有反其道而行之的。

比如江苏代表李晴，这位代表是唯一一位连任代表，但是由于他的工作岗位是网安，个人性格也比较低调，他一直是前方记者的“大难题、大障碍”，几乎每个和他接触过的记者都吃过他的“闭门羹”。

人大开幕当天，我和同事周旭亮在人民大会堂前的东广场“围追堵截”代表。我们从近三千名的代表、上千名的媒体记者，还有无数的工作人员中寻找“自己人”，给他们留影。每一位看到人民公安报记者的公安代表都是非常开心的。这是互惠的，不仅满足了报道的影像需求，也为代表们留下了珍贵的纪念。但是，与众不同的李晴看到前方记者举着报纸警网的 LOGO 牌，“呲溜”一下就消失在了人群中。

散会时，我在茫茫人海中突然看到了李晴，便一直呼喊他。李晴低着头瞥了我一眼，闷头继续往前走。我穿过人群一把抓住了他。我说：“自己人，能不能拍个照片?”他实在不好再说“不”，只能举着牌子拍照，拍下了一张珍贵的照片。就在这时，周旭亮奔了过来，想采访他两句，他低着头说：“不好意思，我不接受采访。”

作为前方跑会记者，一定要“脸皮厚”。为需要的素材，可以“低三下四”、好说歹说，但是面对斩钉截铁拒绝你的采访对象，也要给予理解，也要保有自己作为记者的尊严。两会记者并不是有了“采访证”就可以畅通无阻，有时候采访也讲究“随缘”。有时候，放弃反而是赢得更多素材的机会。

有的代表委员因为工作关系，想要取得联系非常困难。比如全国政协委员、云南省公安边防总队医院院长陈本善，他使用最原始的手机，只可以接打电话。对于“神秘人物”，前方记者只能用最传统的办法，在会场堵截，在驻地蹲守。

会前，同事邬春阳在驻地蹲守没有成功。后来，小邬改变策略，从网上翻出了陈本善的照片，把他的样貌刻在了脑海里，在大会开幕入场前的广场上，大海捞针一般找到了身着武警制服的陈本善。邬春阳拿出提前印制好的标识牌，举起记者证，用最快的速度自报家门，并报出一串与委员有关系的人员名单，并做出绝对保密的承诺。几分钟的时间，小邬便完成了取得信任、拉近距离、接受采访等一系列步骤。临别时，陈本善将临时联系方式告知了记者。

前方跑会记者与代表见面之前，要对他们有充分的了解，提前深挖广挖故事。这样，在采访中就可以有针对性地“拉家常”“套近乎”，拉近彼此距离，提高采访效率。

记者石杨给全国人大代表、江苏省徐州市公安局网络安全保卫支队支队长李晴拍下的珍贵照片

因为爱着你的爱

用心感受也是与代表委员沟通的重要因素。只有深入了解代表委员的工作性质、该警种面对的问题，才能明白代表委员所思所想，才能走近他们的内心深处，更加深入地了解他们的议案、建议。作为“一家人”，公安代表委员们给予了前方记者充分的理解和支持。

人大代表赵金龙、石蓉、郝世玲，在每次接受其他媒体采访时，总喜欢先提前联系本报前方记者，和前方记者商量着完善自己的建议；人大代表、河南省公安厅厅长舒庆在面对记者的同时，更多地表达了代表省级领导的想法和意见；警嫂则更多地会和前方记者倾诉警察家属的酸甜苦辣。

采访时，可以从基层民警的苦与累说起，交流基层的所见所闻，双方才会对“袭警罪入刑”建议有更深入的交流，才能看到杨蓉心疼落泪的一面，才能看到采访对象最真实的情感表达。综合多个方面，前方记者的报道稿件就有高瞻远瞩的建议，也有接地气贴人心的表达。

人民公安报跑会记者和两会代表们在一起

由于陈本善不用智能手机，邬春阳每次都要把写好的稿件打印出来，从西南四环跑到东北四环委员的住地让他审稿。记者一片真心，就会赢得信任。

作为跑会记者，还要学会放长线，不要把眼界只放在眼前的报道中，要主动换位思考，从代表委员角度出发，了解他们所思所想所急。不要单纯以做报道为目的，真诚地与代表委员交朋友，采访就会更加畅通无阻。

微信群四两拨千斤

今年较顺利地完成各项报道任务，有一个关键因素。记者在和代表取得联系的第一时间，就征求了他们的意见，组建了公安代表微信群，该群在 17 天的两会采访过程中发挥了极为重要的作用。

在群内，前方记者高效约稿近 20 次。在发稿前两天发送约稿提纲和要求，代表们总能精心答题，并提前“交卷”，从未耽误过前方记者交稿时间。

有效地和代表进行互动，了解他们的所思所想。比如陈林在第一时间就向前方记者阐述所提建议的想法，第一时间分享给前方记者财政部对于他建议的回复；比如代表们在群里不间断分享自己在两会期间被其他媒体拍到的影像，前方记者收集之后迅速转发给后方，给“两微一端”提供了充足的素材。

这些事虽然琐碎细微，但是双方打出的“信任牌”，给 2018 年两会乃至今后 4 年的两会采访打下了良好的感情基础。

这个微信群两会后依然存在。代表们把返回当地作报告、受邀采访等信息都实时在群里分享。前方记者与他们保持互动，感情日益增进。这样，我们也可以多方面多层次地了解代表委员的日常生活与工作。

石杨采访全国人大代表、陕西省西安市公安局莲湖分局劳动南路派出所民警郝世玲

在20天会期里，微信群是代表委员表达心声和感慨的出口；今后的日子里，微信群又是他们向人民公安报展示自我的小小舞台。

在前方跑会期间，时间恨不得掰成八瓣。这就需要我们充分利用各种有效手段，高效收集信息，节约时间成本，并保证信息反复可寻可查。

前方小团队的共同努力，让报社警网的LOGO闪耀在北京的角角落落，让每一篇报道都集纳了大量可靠可信的素材，每一个段落都有源头可寻，每一句话都充满着自信力量。

（作者系人民公安报社采访部记者）

两会报道是“全媒记者”的练兵场

莫　嫚

对于记者而言，每年的全国两会是一场没有硝烟的战斗，也是一个可以施展创意和才华的舞台。特别是近年来在新媒体快速发展、传统媒体急速转型、移动端流量爆发的形势下，如何做好全国两会报道，在拿出好作品的同时，培养全媒体人才，是中国警察网一直思考的问题。

2018年全国两会期间，中国警察网贯彻落实“移动优先”战略，提前准备，主动作为，在做好“规定动作”的同时，主动谋划“自选动作”，策划推出了一系列形式多样、内容丰富的新媒体策划作品。警网为何要这样做？两会的传统议程如何与新媒体结合？这次尝试给了我们更多经验与思考。

早谋划、早准备

今年，警网的两会策划拿出来特别早。在一月初的时候，警网就提交了今年全国两会的策划方案，主要内容包括一个专题和五个策划。

这主要出于两个方面的考虑。一是为了与报社的“中央厨房”更好地融合，二是为采编团队争取更多准备的时间。

首先，“中央厨房”的报道模式重点在于整合。通过灵敏、高效的指挥系统，如何将有限的人力和资源进行充分的调配，形成合力，是“中央厨房”能否成功推进的关键所在。在“中央厨房”中，前方负责信息采集，后方负责信息处理和发布。后方越早越准确地提出需求，前方信息采集的时间就越充分，方向就越明确，“中央厨房”的指挥系统就越能有的放矢。而警网作为后方的重要组成部分，平台多，需求多，尽早将这些需求提出更有利于“中央厨房”的运转。所以，今年警网没有等着报社给我们布置任务，而是及早地提出了需求，更积极主动地参与两会报道。

其次，今年两会正值“换届年”，会期更长，要求更严。在这样的情况下，尽早让采编人员进入两会的状态十分必要。著名时评人曹林在自己的书中说过，为了写两会评论，每年两会前，他都会集中阅读一批两会政治方面的著作，为两会选题做准备。一个常年关注时事的资深媒体人尚且如此，我们年轻的编辑更要有学习和准备的意识。

最后，任何一个策划都要有准备的时间，越是好策划，越需要充分的事前谋划。2 月 25 日，“基层声音听一听”栏目发出征集通知，向基层民警和网友征集两会建议。3 月 1 日和 3 月 7 日，又分别发布了阶段性的意见征集情况。从策划到征集，再到留言的搜集、分类、筛选，时间跨度超过 1 个月。3 月 2 日，“代表委员晒一晒”发出了《九位来自一线公安机关的代表委员都是谁?》的稿件，并在“两微一端”的平台上推送了长图版本和 H5 版本。而所有的资料搜集和整理也都在两会开始前完成。再比如，“两会故事看一看”之三八妇女节特别策划，也是在二月底就开始准备采访的内容和提纲。一月份出方案，二月份开始搜集材料和准备。两会的会期只有 15 天至 20 天，但准备两会的采访和策划可能需要两个月时间甚至更长。而正是因为准备得早，也开始得早，这些策划和内容才能够如期呈现在大家眼前。

要点击量，更要锻炼队伍

为什么警网要做策划?

目前，网站已经是“传统媒体”，但网站的编辑却不能甘于复制粘贴改标题。网站编辑能否成功转型，关系到网站能否可持续地发展。从这一点上看，我们需要给编辑更多锻炼的机会，甚至是试错的机会。所以，警网创造机会让更多的编辑能够在更大的舞台上尝试更多的东西。

比如，“代表委员晒一晒”的第一稿采取的是长图的形式，这种形式美观，易于分享。但是，编辑却忽略了手机屏幕对图片呈现的限制，由于图上的文字太小，不便于部分人阅读。后来又发布了一版 H5 模式的内容，但发布的时间已经晚了，效果不如预期。

又比如，“基层声音听一听”这个策划，初衷是好的，但没有考虑到两会过程中，对涉及公安的部分话题有限制，以至于最后仅仅呈现了预先策划效果的 50%，很多内容被删减了。

尝试也许会犯错，会做得不够完善，但却可以让我们在实践的过程中得到反思。

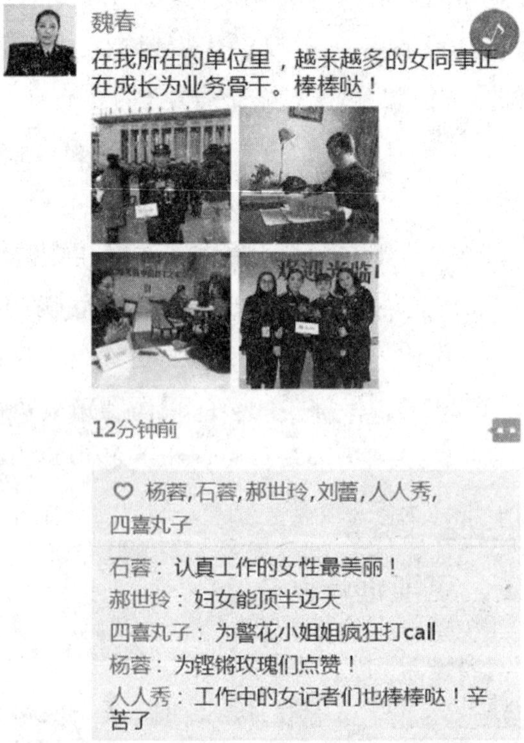

中国警察网三八妇女节当天“喊你加入群聊”截图

新媒体时代的到来，不仅仅是电脑到手机的转变，对于媒体编辑而言，更是编辑思维的革命性变革。这种革命性变革要求编辑必须从传统媒体的单向传播思维转换为新媒体的多向传播思维。也就是说，选择内容的依据不仅仅是我们想让用户了解什么，而是用户自身想要了解什么。所以作为新媒体编辑，必须不断地反思谁是我们的用户，用户的需求是什么。而在尝试的过程中，以及在犯错的过程中，必须不断地反思政策、细节，总结采编规范考虑得周不周到，执行得到不到位，用户体验好不好，面对突发情况如何及时调整，在宣传和推广方面我们还能做什么。每一次改进，每一次思考，将让编辑的能力得到有效的提升。

媒体深度融合催生“全媒记者”

目前，媒体的融合已经是大势所趋，一个媒体产品不仅仅是文字、图片或者视频，而且是各种报道形式的组合。2018 年全国两会报道，警网在这方面也做了有益的尝试。

在“两会故事看一看”之《全国两会，记者都干了啥?》这个产品中，融入了短视频、H5、文字和图片。视频由编辑自己采访、自己拍摄、自己在手机上剪辑，H5 也由编辑独立完成。选择什么样的模板、音乐，前期编辑团队商讨过很多次，也尝试了很多类型，最后才决定采用快闪形式。文字反复修改过四五次，一篇完整的稿件拿出来，如果不符合新媒体传播的特点，往往会被重新调整结构和素材。对文字内容如何精准，现场感如何体现，小标题如何制作，以及图片在文中穿插的位置，我们都进行了精细的调整。

一个简单的新媒体作品推出，其背后是警网在培养人才上的尝试和努力。培养“全媒记者”一直以来都是警网努力的方向。两会故事系列一共制作了三个新媒体产品，其中的三个 H5 都是不一样的形式，每一个都经历了波折，有的因为效果不好，差点放弃，但最终大家都坚持了下来。而警网的采编团队很年轻，这种培养和训练本身是非常必要的。

这样的尝试也取得了较好的效果，三个新媒体产品都给大家留下了深刻的影响，也获得了不俗的流量。

两会是个练兵场，警网如何在两会上脱颖而出，如何利用有限的资源做出让人影响深刻的产品，警网在尝试，也在不断思考、提高。

通过两会，让我们的编辑试一试身手，找一找差距，看一看不足，为下一次大型报道积累一点经验，培养一些人才。这就是为什么我们必须不断努力的理由。

（作者系中国警察网拓展部主任）

以新媒体助推融媒体报道的深度和广度

刘　健

2018 年两会期间，报社重启融媒体报道方式，新媒体成为其中重要一环。新媒体中心根据对各平台的特点解析，通过充分利用报社采编资源、优化内容和平台配置、协调公安新媒体矩阵内外账号互动等方式，助推报社融媒体报道的深度和广度融合。两会相关微博话题阅读量超过 4500 万人次，“公安报记者跑两会”和“两会看公安”话题分别在政协会议和人大会议开幕当天位列政务话题榜第一、第二名；有计划性推出的“唯有奋斗，才能不负好时代”内容征集发布活动受到了公安战友的积极关注和投稿，内容获得网友一致好评。

精心策划、组织互动，公安新媒体矩阵内外齐助力

根据报社的统一报道计划，积极会同报社采访部、总编室和警网采编部门进行沟通，制定了新媒体中心的两会报道方案，设置了《两会 · 聚焦》《两会 · 关注》《两会微网端》等多个微信栏目，并根据前方记者和其他采编部门需求积极制作微信投票，整理互动评论留言等。微博端推广“公安报记者跑两会”和“两会看公安”话题，实时吸收相关内容进行加挂，并组织公安新媒体账号进行有策划性地推转以吸引粉丝关注，同时根据内容热度投放微博资源，实现部分微博内容的粉丝首页“置顶”。然而话题运维不只是“灌水”那么简单，里面充斥着大量的非两会内容甚至是一些负面内容

及广告，需要实时清理。我们自行清理不了的内容及时与平台后方对接请求协助。此外，我们将话题设置和账号管理进行精华设置，对传播度较广的内容进行置顶推荐。

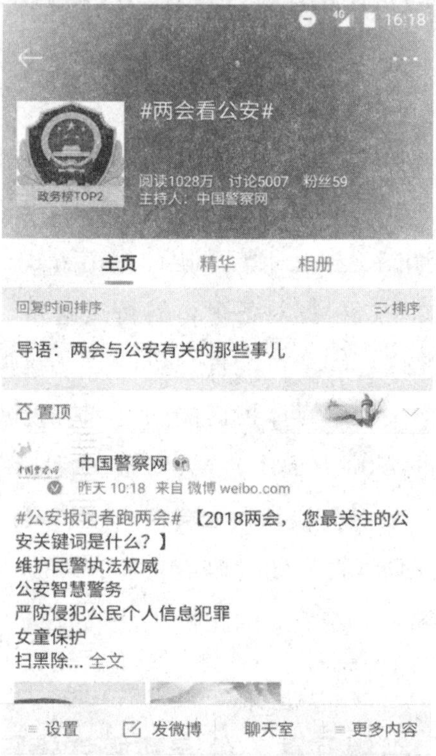

实时关注，快审快发，打造瀑布式信息流

结合2017年两会报道经验，今年两会报道我们进一步加强“短”“平”“快”的发布方式。在微博端，根据前方记者传回的文字、图片、视频等内容，做到及时编辑实时审核快速发布，让前方的新闻素材第一时间出现在网友的“关注”里，结合微博规则视频优先发布，将大会周边情况实时视频化传输，提升信息流速与质量；在微信端，今年又多了一个人民公安报的微信号，经过不到一年的运维，报社微信号影响力逐渐提升。我们利用两个号可多次发

布的优势，及时发布会议报道的相关内容，重点推送本报记者稿件，双号叠加，提升了信息的及时覆盖率和网友评论回收度。

“纸”“端”闭环，促进融媒体建设

按照两会统一报道计划，我们实时发布报社记者采访报道的见报内容或根据前方记者需求在网上征集素材，根据网友互动内容和新媒体各平台数据和评论情况，反馈给编辑记者再次进行稿件制作，并在“报、网、微、端”进行发布。

根据网络热点新闻、热议话题等，及时处理制作《两会微网端》稿件，提供给报纸刊发，在见报后再次发布，形成融媒体闭环运作，从而形成了报道程序上的融媒体。

而在内容处理上，新媒体平台可集合文字、图片、视频直播、H5 等多元化发布方式，我们根据稿件内容和掌握的素材进行稿件的多元化处理，实现报道内容的媒体融合。

打造转起来的“十字”轴

在制作“基层声音听一听”专题时，我们就开始尝试利用公安新媒体矩阵进行传播，但是并不是所有内容都会被积极扩散，我们根据运维者都是一线民警以及微博端传播接地气、范围广的特点，选取了贴近民警心理的内容进行推荐转发，让各位运维者不仅尽力也尽心去帮助推广。公安官号更具形象性，为此我们选取部局级账号和基层影响力较大账号为主进行第一梯度扩散，而后各级账号进行跟转，以此形成声势。

在接下来的工作中，我们就按照以上内容进行矩阵运作，并根据内容的特点尝试创造性的传播方式，以人大代表的“奋斗”宣言为切入点，我们在新媒体上组织了“奋斗”主题的内容征集活动，并在全国公安新媒体矩阵内外选取了一批活跃度较高可以协调到推广资源的公安新媒体账号，如德州“运河公安分局”“苏州公安”

“六安公安在线”“广西公安”以及“石狮公安”等，横向性进行“奋斗”主题的接龙，由警网账号发起微博，然后按照计划顺序进行接龙。在图片选择中，我们叮嘱几个账号博主一定要选取“颜值担当”的图片吸引粉丝关注，实际效果也确实不错。我们还通过群转进行二次传播，在群转语言中，我们并没有严肃地去讲“奋斗”，而是针对网友特性选择相应内容进行推转，以此达到“横轴”上的传播覆盖度。而后，根据公安系统代表的来源地和网络上的报道声量，我们组织协调了黑龙江省公安新媒体矩阵做垂直矩阵的“竖轴”传播，该矩阵积极响应，从活动开始到结束，每天都有账号加入到活动中来，民警也积极向投稿邮箱投稿。这种横竖结合实现了十字轴的搭建，并根据征集情况进行组稿供报纸刊发，以此吸引更多民警关注和投稿，最终实现以十字轴为基础的全“圆”覆盖。

练为战，实行工作专班机制

为保证实时有人在岗，根据工作量预估和人力情况，同时达到“练兵”的目的，我们今年实行工作专班流转机制，保证新媒体中心每天至少两人在“忙”两会，保证工作的连续性，通过流转也保证了工作人员的休息，实现了人力资源的合理化配置。

与此同时，我们也发现了一些不足。比如，虽然经过充分准备，但是由于每天各新媒体平台的规则不同，有些内容被屏蔽后没有相应的手段予以解决。此外，部门间沟通应该进一步加强，以避免工作重复。

（作者系中国警察网移动新闻中心副主任）

媒体融合背景下怎样跑两会

邬春阳

随着现代科技特别是互联网的迅速发展，传媒业不仅受到冲击同时也迎来更多机遇，媒体融合使得整个行业都发生着翻天覆地的变化。特别是互联网融媒体的发展，使新媒体成为包括报纸、电视等传统媒体争相借用的新形式，以弥补传统传播方式的不足。作为蓬勃发展的政法媒体，乘上媒体变革的东风、把握发展机遇至关重要，这便对所在媒体的从业记者提出了更高的要求。

在媒体融合背景下，各媒体需要一次集中的考验和竞技，而两会报道提供了这样的机会。作为国家政治生活中的一件大事，两会以会议发布集中、新闻要点密集、出席人员重要、受关注度极高成为媒体一年一度的重要“战役”与“演兵场”，各家媒体各自投入最优势的资源。在媒体融合背景下，越来越多的融媒体报道方式得到彰显、受到关注，为两会报道注入活力。

对能够代表所在媒体上会采访的记者来说，有限的名额、宝贵的机会是压力也是动力，也要求上会记者需要提供更多资源、掌握更多形式、联通各种渠道。我作为人民公安报社记者有幸参加了2018年两会报道，亲身经历与感受了媒体融合背景下，两会对政法媒体跑会记者提出的“全能”需求。

转型：梳理后方需求，明确跑会目标计划

多数政法报纸作为行业媒体在两会中得到的上会名额是有限

的，不能够按照专业细分来具体分配相应的文字记者、摄影记者、摄像记者以及新媒体记者，因此要求每一位上会记者都要能够熟练地掌握采写、摄影摄像以及新媒体素材的采集，要求上会记者从内在意识与外在素养技能方面都做到转型，也更加考验一家媒体前后方记者的协作。

对于上会记者来说，梳理后方需求、明确跑会目标计划是首要前提。因此以下准备工作至关重要：

一是前方记者要参与到前期策划中。3 月 3 日下午，中国人民政治协商会议第十三届全国委员会第一次会议在北京开幕。3 月 5 日，第十三届全国人民代表大会第一次会议在北京开幕。早春三月，“战役”号角吹响，但是对于多数媒体来说，有关两会的策划与准备工作，甚至从农历新年伊始就拉开序幕。

作为已经确定好的上会记者，要准确把握当年的两会报道方案，最好能够亲自参与到前期策划中来，才能做到心中有数。春节过后，人民公安报社两会报道组就已经在负责人的牵头下进行两会报道方案的研究策划，由多次参加两会报道的老记者担纲，梳理当年两会报道可能要点的过程就是前方记者最好的学习准备机会。同时，上会记者一定要研究整个报道方案中有关网站、新媒体的部分，对于日常工作中不熟悉的部分进行分析，在采访可行性、报道效果方面与后方充分策划，将融合的思想早早地嵌入脑海。

二是前方记者要做全方位的“赛前培训”。如果把两会报道比作一场战役或者比赛的话，必要的“赛前培训”至关重要。人民公安报社两会报道组采用新老结合的方式进行上会记者的布置，但是针对每年的新情况、新热点、新要求，都决定了不管是两会报道的新手还是熟手都要认真做好准备。除做好两会报道基本注意事项的学习外，在两会报道方案成型后，新老记者要认真研究报道方案，向各地征集和梳理代表委员名单，针对不同的代表委员提早做好准备工作。针对两会可能出现的热点话题，报道组记者梳理了近 20

个选题，实践证明多数选题都“押题”成功。

三是前方记者要明晰各端口的需求。两会报道方案的制定一定是由记者、编辑、新媒体、网站等一同参与，前方记者不论来自哪个部门，都需要熟悉和掌握媒体各个平台端口的需求。在前方，上会记者就像是素材的采集者，不仅要提供自己熟悉的文字产品，对于好的图片、精彩的画面、可能引起网络关注的线索都要采集并提交给后方。因此，报道组多次召开专题会议，由摄影部、警网新媒体中心沟通相应的报道需求。

扬长：专业性深度化的传统优势不能丢

对于纸媒来说，媒体融合虽然是一个追赶与创新的过程，但是充分发挥纸媒的专业与深度才是核心竞争力所在。在两会报道中，虽然对记者提出了各种各样新的要求，但是不能厚此薄彼，也不能丢掉政法专业媒体应有的专业度和深度。

在2018年两会报道中，立足公安新闻宣传，人民公安报社两会报道组从选题的制定、代表委员的沟通联系、对政策方针的把握、对两会精神的宣传贯彻都体现出自己的专业特色，生产出了一系列具有影响力的作品。

一是要盯紧舆论导向，做好两会精神宣传贯彻。2018年两会会期长、讨论议题众多，深化党和国家机构改革、修改宪法部分内容、维护和贯彻军委主席负责制、通过监察法草案等，都受到中外媒体的广泛关注。上会记者敏感捕捉重大政治议题，第一时间采访公安代表委员、部直属机关民警以及各地公安机关民警，推出一系列学习贯彻习近平总书记讲话精神、两会精神的表态文章；立足公安行业，发出公安声音，与会议议程以及主要央媒同频共振，刊发《凝聚新时代奋斗伟力　全面提高国家治理水平——公安系统全国人大代表热议中共中央关于深化党和国家机构改革的决定》等重要文章。

二是要紧扣公安特色，做好做深相关议题设置。作为行业媒体，对于两会期间涉及公安的相关政策变化、代表委员的最新见解要有敏锐的判断力，对于涉及公安的信息要及时解读、多样传播、引导到位。两会期间，报道组就政治建警、改革强警、科技兴警、从严治警、从优待警等方面主动设置议题，通过代表委员以及基层民警代表的讲述，采取综述形式，将公安近些年来的发展变化展现出来，收到良好的传播效果。

三是要立足社会热点，做好群众关注公安信息。两会报道不仅要面向行业还要面向群众，将公安的故事传播出去，发好公安声音也是两会记者的职责使命。要时刻保持新闻敏感，发现两会中出现的热点议题，除了对前期策划以及设置议题等固定动作的完成，还要善于发现代表委员提案议案中群众可能关心的部分，如今年两会前方报道组就关注公民个人信息安全、违法推销“保健品”、儿童性侵害、食品安全、毒品问题等，生产了大量群众关注的报道。

四是要把握职业焦点，做民警喜闻乐见的报道。让两会报道更接地气，两会记者需要沉下心跑新闻，也要关注公安民警普遍关心的问题。如本次 2018 年两会恰逢妇女节，本届代表委员中女性比例达到历届最高，前方报道组通过联系代表委员中的女民警以及警嫂，刊发了一系列温情的报道。有关从优待警、关注民警健康的报道也得到了广泛关注。

补短：提升融媒体思维，掌握新媒体手段

两会报道越来越成为检验一家媒体融合能力的重要战场，各家媒体纷纷创新形式，推出新媒体爆款，通过微博微信、小视频、H5等手段，做好两会重要政策解读、代表委员提案议案专访、甚至是会场内外的花絮，都获得了惊人的关注度。对于传统政法媒体的记者来说，提升融媒体思维、掌握新媒体手段至关重要。前方上会记者在掌握了各端口的需求后，就需要使出“浑身解数”采集到多方

面的素材。

首先，需要熟练主要新媒体手段的传播方式及规律。上会记者在日常工作中就要接触新媒体的各种表现形式及表达方式，如此才能在两会期间做到游刃有余。比如，记者可以开设自己的微博以及微信公众号，或者多看相应的阅读量10万次以上推文的写作及推送规律；对于后方图片以及视频的需求要敏感，不同景别的图片都要采集，对于重要人物的采访需要提前准备，针对相应的领域设置议题。在2018年两会中，前方报道组总结经验，可以摆脱传统的纸笔，多以视频形式进行录制与采访，能够获取到最大的信息量与素材量，也可以避免前方采访时纸笔、录音笔、照相机以及手机的切换导致的手忙脚乱。

其次，训练敏锐的新媒体新闻敏感，制订合适的采访计划。训练融媒体思维的同时，敏锐的新媒体新闻敏感能力也至关重要，什么样的政策适合新媒体传播，什么样的人物能在网络中形成热点，不同的解读适合通过哪些方式传播，对这些都要有相应的认识。制订合适的采访计划也是避免上会记者盲目赶场的重要措施。合适的计划可以节约时间提升效率，同时也可以便于早做准备，避免采访代表委员时问出不专业的问题。

再次，做好新媒体素材采集的各项准备。工欲善其事，必先利其器，证件、纸笔、照相机、录音笔、手机缺一不可，但更要善于利用。即使没有“长枪短炮”或近些年来越来越流行的移动可穿戴设备，若能将手中武器发挥到极致，同样可以收获很好的效果，比如在一些抓拍抓采的时候一部手机更加灵活、易于携带掌控，便是很好的设备。在今年政协会议开幕前，仅仅几分钟的时间，前方记者通过手机录制陈本善委员有关关注民警健康以及落实休假制度的视频，引起了基层民警的广泛关注和大量点赞。

最后，完善与后方对接，随时做好报道调整。前方记者要始终记得自己不是孤军奋战，上会记者在前方的相互补充、互相补位，以及后方提供的可靠保障和大力支持都是上会记者最强的后盾。同时，完善与后方对接，及时做好报道调整非常重要，当后方新产生合适的报道计划时要负责在前方实现并落实到位。比如，今年新媒体推出了“唯有奋斗，才能不负好时代”的主题接龙活动，上会记者与后方通力合作，在视频拍摄方案制定后，上会记者积极约采代表委员，形成了非常好的传播效果。

新时代有新作为，新时代有新要求。政法媒体要自觉做好转型，紧跟时代步伐，加强相关培训，扬长补短，打造全能型记者，在两会报道中继续绽放光彩。

（作者系人民公安报社采访部记者）

两会报道贵在踩准“鼓点”

周旭亮

两会是国家政治生活中的大事，也是国内外各大媒体同源新闻的竞技场。有人说，单看记者的眼神就能辨别此人上会年头的长短；那些在大会堂四处张望，一见某位“脸熟”的代表委员便上去凑热闹的，多半是新手；而跑过多年的“老两会”，往往是目标准确，眼神坚定，直奔某地某人而去。

对于我这样一位采访报道全国两会的“新兵”来说，梳理两会报道收获“战果”，既有亲身体会，也有与“老两会”交流而来的心得，主要有三点：一是如何“打交道”——与代表委员做好联系沟通；二是如何“快准稳”——即时准确全面报道会议相关内容；三是如何“抓活鱼”——突出采访报道的温度与深度。总而言之，两会报道贵在踩准“鼓点”，就像“老两会”明确采访目标时眼神中透出的那份坚定。

有备而无患

从《别样的元宵节“团聚”：公安系统代表齐聚北京话愿景》第一篇稿件，到收尾之作《人大代表热议共享单车安全管理问题——建议制定相关法规建立长效管理机制》，数了数两会期间所发稿件，第一感受就是两会真是一座挖不尽的新闻富矿。

平日难得一见的总队领导、公安楷模、基层骨干……都走到了你的身边，成了有温度的“人”。你若摸清他们的行踪，拿出程门立雪的诚意，再加上让他觉得“值得一聊”的专业性，多数都能得到一场满足求知欲的“盛宴”。但最大的烦恼莫过于时间有限，分身乏术，不能同时兼顾各场分组讨论和新闻发布会，以及“软磨硬泡”多个计划采访对象。正所谓，鱼和熊掌不可兼得。

如何破解这一矛盾？为了做到有所取舍，有的放矢，我在年前就进入“备战”状态。我首先翻阅了2009年以来人民公安报的两会报道，特别对公安代表委员参会的报道作了研究。在此基础上，结合社会热点和最新公安工作动态，我草拟了10多个议题作为采访储备。代表委员一到驻地，我就携带拟好的议题前去拜访，目的在于先混个“脸熟”，为接下来20天采访议题和安排提前“预热”。

议题的设置关键要抓住细节。为此，小到公安代表委员的个人信息（单位、职务、研究领域、采访问题、趣味小故事），大到相关的政策、法律法规，当前基层所队的工作热点、难点话题等，我都力争在脑海中形成一个“数据库”，以备到现场采访随时“调取”。比较顺利的是，借着拜访代表委员的机会，我完成了对比较熟悉的代表委员提案建议的搜集和采访。让我感慨最深的是，除了追、抢、挖掘来的“大新闻”外，有时金子甚至就在与公安代表委员的简单聊天中被“捡”到。

两会报道，其实不是一个人在战斗。通常情况下，记者是“独行侠”，习惯于单打独斗，但两会现场则需要发挥团队作战的能力。这不仅是前方记者之间的分工协作，更是前后方记者编辑的默契配合。让我印象深刻的是，今年两会，人民公安报采访部申请注册了微信公众号“新警事儿”。为了赶制新闻内容，采访部前方记者与后方编辑在各个环节，精诚合作，共同完成策划、采写、审核、制作和发稿全流程，漂亮地打赢了“集群战役”。

两会报道千头万绪，前提是不打无准备之仗。当两会报道大幕开启，那一刻，我发现内心不由自主地跟着跳动起来。

与时间赛跑

新闻富矿最终变成了报纸铅字与网络点击，20 天的“淘金”过程带来的技能提升和个人成长，足够让我这位“新兵”细细品味许久。

都说好新闻是跑出来的，两会报道也不例外。每天，会场内外，上千名记者，面临的可能是同一个采访对象，同一个议题，但是呈现的报道内容却千差万别。其中，有选择报道角度的原因，也有媒体定位的因素。应该说，侧重点不同，寻找的“鼓点”就不同，带来的新闻传播效果也就不同。

而如何踩到点上，首要的问题是明白点在哪里，才知道如何去跑。

我记得刚开始进入两会报道，一天稀里糊涂地很快就过完了。于是，在“老两会”的授意下，我转变“作战方式”，一方面接收前方编辑部指令，最快、最准找到采访目标，落实会前策划的稿件和议题任务；另一方面坚持听会，积极主动发现新闻。尤其是分组讨论、部长通道、代表委员通道，凡是涉及公安议题，都一个不落下。我感受最深的是，作为公安战线的精英骨干，公安代表委员的发言和讨论都非常有价值，有时候听完会就觉得稿子已在心中。

两会现场的新闻采写通常拼的是速度，一个采访对象采访完毕后，有时需要在现场立马听录音写稿子。其实，与时间赛跑，不光是一场“百米大战”，也是一场“马拉松”。20 天会期，如果采编策划脱节，就会导致“缺粮”状况的出现。

怎么办？我的体会是，要有 3 个“一批”——在稿件内容准备上，要储存一批，譬如每天把从公安代表委员采访搜集来的议案、提案、建议或意见等议政之声写好发回后方；同时要根据会议动态，根据最新的热点议题采写一批，紧跟最新的资讯；再就是及时和前方编辑部沟通好，策划一批，真正做到“吃着碗里的”，还要“看着锅里的”。

陈林，是我在两会期间采访次数最多的一位代表，不仅因为他本身故事多，而且因为他向大会提交的提案也多，其中有的涉及加强公安物证技术职业保障，有的关注公安机关实行主办侦查员制度改革，有的聚焦人民警察法修改……每一项内容都十分丰富，“够啃三天”。为了充分做好这些提案的报道，每次采访陈林时，我都抓住机会多提一些具体的问题。我发现，这样做有个好处，就是可以直接得到采访对象的明确回答，避免空话套话，同时也锻炼了快速提炼选题和多角度处理选题的能力。

与时间赛跑。有时候抓好一个点，深挖一个选题，细磨一个采访对象，就能让两会报道呈现“提前亮”，并且增光添彩。

周旭亮采访全国人大代表、安徽省公安厅物证鉴定管理处副处长陈林时留影

心中有准绳

有的“老两会”告诉我，虽然“身经百战”，但每当听闻两会“新闻大战”的鼓角争鸣，依然有“新兵”的惶恐。

这份惶恐源自何处？在异口同声的答案中，我梳理出来两条：一是政治意识；二是创新意识。政治意识涉及一般程序性报道，创新意识涉及特色性报道。做好程序性报道是基本要求，做好特色性报道是出新出彩的关键。对两个意识的把握与否，直接决定了两会报道是否能够踩准“鼓点”。

先立乎其大者，则其小者不能夺也。对于“规定动作”，我坚持的原则是坚持政治站位，保稳求准。今年两会涉及宪法修正案、党和国家机构改革、监察法出台和国家监察委组建等多项重大报道议题，不容有任何闪失。一方面，我按照报社采访方案要求，明确程序性报道内容，实现应报尽报；另一方面，我对标新华社、人民日报报道内容，加强用语统一规范。另外，对于代表委员的采访稿件，坚持稿件送本人确认，并与之就内容表述进行反复斟酌，确保最大限度减少政治差错。

完成“规定工作”不是任务全部，两会报道还需有“自选动作”。如何自选？我的体会是，只有感动了你自己，你的新闻采访才能感动他人。

来自公安代表委员的建议提案中，充满了太多对公安工作的思考，但是这种思考需要记者沉下心来，带着聚焦的眼光去发现亮点。我的建议是“新手”最好先从接触建议提案入手来寻找创新点，因为这里有公安代表委员的最直接、最基层、最鲜活的思想和观点。

不少记者采访两会报道比较关注会场内和代表委员驻地内的会议和小组讨论，而对代表委员其他时间的行动关注得少。其实，很多“活鱼”就来自会场外代表委员的一言一行。两会期间，我曾写下《代表李勇的笔记本：写满保安行业 34 年发展“大数据”》一文，线索就是我采访时在代表李勇房间里无意间发现的。虽然这不是会议期间代表委员的“规定工作”，但却能够生动地体现出代表委员真实的一面。

全国两会报道圆满收官，留下无数思考和总结，但有一条我始终铭记于心——只有心中有准绳，脚下踩准“鼓点”，才能让广大受众感受你的心跳，聆听花开的声音，品味两会的“脉动”。

（作者系人民公安报社采访部记者）

从全国两会发出公安“好声音”

王旭东

2015 年，在人民公安报担任记者不足两年的我被报社安排参与当年的全国两会报道。彼时，虽然经过一年多的职场磨炼，对于公安宣传报道有了一定的认识，但作为“两会报道”的新人，心里还是十分忐忑。

一晃 3 年走过，当我 2018 年 3 月连续第四次走进人民大会堂进行全国两会报道时，最初的那种激动心情依然未变，每年也都会有新的挑战，但如今已多了一份熟稔。全国两会是一年一度的盛会，如何在这场国内外瞩目的会议中发出公安“好声音”，经过四年的摸索，我也探索出了几个自己在报道中经常使用的“小套路”。

选题：跑会十几天　积累一整年

其实每年两会的结束就是第二年两会的开始。

全国两会不过十几天，为何要这么早“做功课”？回顾我跑过的四年两会，除了每一年的会议议程中产生的热点议题外，比如今年十三届全国人大一次会议表决通过了《中华人民共和国宪法修正案》，审议通过了《中华人民共和国监察法》等，不少“两会热点”其实都是一年来社会和媒体关注话题的再讨论，这就需要记者在日常有所积累，要对一年来的热点话题做到心中有数。

当然，越临近两会时发生的社会热点就越应该被着重考虑，这不仅仅是为了“蹭热度”，因为这是新近发生的事，所以很多代表委员都会比较关注，在采访过程中也会比较顺利。

而在确定报道选题过程中，要特别注意扩大范围，不能仅仅局限在纯公安业务上，在眼界上要放开，将范围扩大到全社会关注的问题，尤其要关注涉及公共安全和法制社会建设的议题。从这个角度来说，两会也是考验记者综合能力的大舞台，一个记者业务水平如何，跑一次两会基本上就高下立见了。

以2018年两会为例，在前期策划会上，通过对一年来的新闻热点进行梳理，我们初步确定了两大主题聚焦：一是大数据时代，包含了公安智慧警务以及严防公民个人信息犯罪；二是“钱袋子保卫战”，包含了严防电信网络诈骗、避免陷入传销和非法集资等涉众型经济犯罪以及严防针对老年人的经济犯罪等。

而话题聚焦方面，则囊括了维护民警执法权威、环保警察、共享单车安全、农村道路安全、海外华人保护、旅游警察、犬类监管、食品安全、严防文化领域犯罪等多个议题，虽然因为两会报道方向随着大会进程有所转变，不少选题最终只停留在了方案上，但一次次探讨选题时的“头脑风暴”对今后两会如何选题依然有所裨益，而且，不少热点议题其实也属于“年年讨论”的常备话题，所以早做准备便会在真实的采访报道中游刃有余，只有心中有数才能做到有的放矢。

此外，必须要强调的是，每年两会，公安系统的全国人大代表和政协委员可谓是提供报道素材取之不竭的“富矿”，同为公安工作服务，“近水楼台先得月”，记者甚至可以通过微信、邮件等简单方式完成采访，达到事半功倍的效果。

除了让公安系统代表多发声，想要做好报道的“传播”，特别是一些社会议题的探讨，不能总依仗10名左右的公安代表委员。做好公安宣传不能公安一家自说自话，必须要将采访对象放宽到所有对公共安全感兴趣、有话说的全国人大代表和政协委员，通过“借嘴说话”，以表达对公安工作的态度和对一些公共安全领域话题的关切，也只有这样，才能使写出的报道更具深度，更有说服力。

如此，又回到最初的两会选题问题上。对于纯公安业务，很多代表委员或许并不了解，所以，如何通过他们对社会议题的评价、讨论及建议，来带出对公安工作的评价、讨论及建议，也考验着每个参与两会的记者的智慧。

采访：耳听六路　眼观八方

人民公安报有一个常设栏目叫“蹲点一线”，记者在基层单位“蹲点”，一路观察一路采访，最终将一线的故事原汁原味地反映出来。在两会现场采访，记者的“蹲点”也非常重要，不少好的作品就是靠“蹲守”得到的。这既带来了丰富的带有现场感的内容，让采写的作品相对生动活泼，成为稿件的“精髓”，同时，通过“蹲点”，两会记者突破采访能力极限，在采访中收获更多“宝贵财富”。

综合人民公安报的报道侧重点，总结来看，在两会前方报道中，有四个地方容易出“现场”，一是开全会时的人民大会堂东广场；二是“部长通道”；三是各代表团的小组讨论；四是各部委在两会新闻中心召开的新闻发布会。今年的两会期间，第一次在全会时间开辟了“代表通道”和“委员通道”，让记者们着实“大呼过瘾”。

四年上会经历，这些“现场”都曾留下我的身影，我也收获颇丰，形成数篇作品。这些作品在写作过程中，由于是新近采访冒着“热气儿”的素材，字里行间也会下意识地穿插记者的亲身感受，客观上拉近了“记者”和“现场”的距离。

不过必须要强调的是，“蹲两会”也是有风险的。因为每名记者手里还各有硬性报道任务，只“蹲”新闻而不采新闻也不现实。2017 年的两会，我参加了国资委的新闻发布会，整场发布会听下来，部分财经媒体记者感觉收获满满，我却越听越“郁闷”——内容再实，但和政法工作毫无关系也不行。每年两会都有大量的新闻发布会，如何筛选也是门学问，可以结合当年的新闻热点来进行初判，不过最后是否能得到记者想要的一手素材，不得不承认也是有运气成分的。

例如，2017 年两会，我去挤“部长通道”。其中有一次国家林业局、国家知识产权局和国家旅游局的一把手恰好都提到了有关“公共安全”的相关内容，稿子成稿就非常顺利，但很多时候，往往也无法获得有效新闻线索。此时，除了“运气”之外，作为上会记者就必须要有“耳听六路、眼观八方”的能力，“哪些部长要走通道”“这个代表今年关注什么话题”“哪些代表对公共安全话题曾多次发声”……通过多问、多听、多查，可以让记者在有限的时间内获得更多的新闻素材。

还必须要强调的是，稿件可以“慢工出细活”，但重大新闻现场和所有的采访过程必须要“快准稳”，重要事件不会为了你去重演一遍，代表委员也不可能“排排坐”耐着性子等着记者提问，说到底，还是要在采访前期做好充分的功课，不能一张口提问就被看成是“新手”或“外行”。

传播：融媒体时代的公安“发声筒”

“大家好，我是人民公安报记者王旭东，我正在今年全国两会的媒体中心，两会即将召开，我将带领大家一同成为新闻的经历者、历史的见证者……”在 2018 全国两会，我也“新潮”一把，和所有上会记者一样录制了一段半分钟左右的“自我介绍”视频，然后通过新媒体渠道传播，力争在众多媒体中先“混个脸熟”。

专心写稿子就好，文字记者怎么还要“不务正业”搞起视频？其实，随着新媒体的不断发展，“文字稿”已经是文字记者的“最低配置”，越来越多的记者已经成为事实上的融媒体记者，特别是对两会记者名额比较少的新闻单位，一边传活动的视频素材和现场图片，活动一结束便忙着写新闻稿已经成了“标配”。

同时，新媒体在现在的宣传中占据着重要的地位，这已经越来越成为公安新闻宣传者的一个共识。在今年9月4日召开的政法网络新媒体建设工作会议上，中央政法委秘书长陈一新就强调，要坚持“融合为径”，推进传统媒体与新媒体深度融合，着力提升政法网络新媒体网上斗争能力、融合发展能力、品牌创新能力、议题设置能力、“引关圈粉”能力，实现宣传阵地从依靠传统媒体向做大做强做响网络新媒体转变。

虽然人民公安报记者跑的是传统媒体的活儿，但使传播内容真正达到“实力圈粉”的目的，功劳主要还是新媒体的。所以，从2015年两会开始，我能明显感觉到，随着报网融合愈加深入，报纸为新媒体提供权威和深度信息，新媒体利用其优势“反哺”提高传统媒体的知名度，二者已经是相互依存的关系了。

人民公安报作为公安部的机关报，公安等政法领域的宣传是报纸的“刚需”。但是，到了公安新媒体，其可操作的话题就变得宽泛很多，除了可以通过“蹭热点”形式提高传播效果，甚至还可以增加一些个人色彩，比如和网友“唠唠嗑”“抖抖机灵”等。一条微博带火一个号，一个新媒体小编引来万人粉丝，这些并非天方夜谭。

因此，为了能增加公安新媒体的趣味性、互动性，让网友爱读、爱看我们记者写的东西，对一些和公安工作并非“强关联”的两会热点，上会记者也会经常发回后方。比如，去年和今年的全国两会，我都在总理作政府工作报告时特别去拍了少数民族翻译在全会现场做翻译的图片，经过中国警察网、人民公安报的微博传播后，网友的反响都很热烈。为什么？因为觉得新奇。而为什么要发这些非公安的题材？事实上，通过“吸引眼球”的题材把网友先拉进来，我们才有机会让公安题材的内容被更多的读者看到。说白了，非公安题材也是为了公安题材服务的。

在今年的两会上，人民公安报采访部创建了自己的微信公众号

“新警事儿”，将前方记者不少内容借着这个平台传播出去，通过图、文、视频等多种形式，让两会变得更加直观，更加立体。而通过微信、微博等新媒体平台，在全国两会报道中，真正实现了公安宣传“占领主阵地，传播正能量”的效果。

（作者系人民公安报社采访部记者）

把握好两会报道“三步曲”

付 静

每年的两会，对代表委员来说是一次履职的过程；对媒体记者来讲，也是一次“履职”，更是一场“大考”。

如何面对这场大考并取得好成绩？我认为要走好“三步曲”：两会开始前的前奏、两会前中期的高潮、两会后期的结尾，在每一个环节中要注意把握好重点，才能收放自如，事半功倍。

把握好前奏——不打无准备之仗

很多跑两会的记者都会感慨“像打仗一样”。确实，半个多月的会期、几千张面孔、海量的信息、重大的决策，这些因素冗杂在一起，想不“头疼”都难。而要想从容一点，只能提前备战。

而备战的第一件事就是“找人”。作为人民公安报的记者，首先要盯紧公安系统的代表、委员。今年的两会是换届后代表委员的第一次亮相，而这也给前方报道组带来了第一个难题——公安系统的代表委员都有谁。

在两会开幕前一个多月，采访部便向各地记者发通知收集各省市公安系统代表委员的情况，完成初步统计。会议开始前，之前跑过两会的记者们，通过各种媒体群中发布的各省代表委员名单，从中寻觅公安系统代表委员的身影。功夫不负有心人，最终 10 名来自公安系统的代表委员从几千人的名单中被全部找出来。

为了实现点对点、人盯人，报道组成员对公安系统代表委员实行“承包制”。我所负责的是袁友方和魏春两位代表。为了能够采访好“承包对象”，我首先上网查询他们的相关资料。先看他们的照片，把他们的样子印在脑中，以便在驻地或会场能一眼认出他（她），再就是看他们的相关事迹或之前媒体的报道，以便在采访中可以知己知彼，能够对上他们的“点”。

第二件事便是“找题”。作为公安报的记者，我们首先关注的是跟公安相关的话题。这一过程中，报道组成员集思广益、相互补充，最终梳理出20余个有报道价值、紧贴热点的选题。

在“备战”两会报道的过程中，既需要报道组成员集思广益，也需要每个个体重点突破。为了提高效率，前方报道组将近20个选题进行分配。我所承担的选题是为新时代中国特色社会主义保驾护航、袭警辱警问题、食品安全问题三个“规定动作”。

选题明确后，我开始搜集素材，制订采访计划。拿袭警辱警这个选题来讲，这个话题是每年关于公安工作的热点问题。我首先收集了前几年两会报道中关于这个选题的报道，一方面了解以往两会报道中对这一问题的报道情况，另一方面收集有哪些群体的代表委员比较关注这个话题。通过大量的查阅，我对袭警辱警这一问题有了较为深入的了解，并制定出初步的问题提纲。

捕捉好现场——练就抓“活鱼”的本领

现场报道，最考验记者的基本功。两会上，一场场的新闻发布会可以说是各路记者大展身手的舞台。

3月3日下午，中国人民政治协商会议第十三届全国委员会第一次会议开幕，我报道采访了会前的“委员通道”和会后的“部长通道”，其中“委员通道”是首次开设。我是第一次参加两会现场的报道，多少有些摸不着头绪。

在两个通道上，有16名代表委员接受记者提问。代表委员们的行业跨度大，问题杂，虽然很多都是社会热点，但大部分与公安工作没有直接联系。怎么办？总不能交白卷吧！

这些代表委员中哪些可能会谈到跟公安工作相关的话题？来自政法系统的司法部部长张军成为重点盯的对象，他就“罪犯离监探亲”“公共法律服务”和“司法考试报考”3个方面回答提问。此外，农业部副部长张桃林、国家文物局局长刘玉珠在答记者问中分别涉及的食品安全和打击文物犯罪，均与公安工作息息相关，这也成为我在现场关注的重点。

通过“接近性”分析，从纷繁复杂的信息中剥离出与公安工作相关的问题，最终完成了《政协会议开幕日，“委员通道”“部长通道”引关注》一稿，以公安报记者的视角及时呈现了政协开幕首日两大通道的现场情况。

3月10日，全国政协十三届一次会议第三场记者会举行，这是一场以民生为主题的记者会。在这次现场报道中，我同样以“接近性”原则抓取亮点，在众多的信息中捕捉到“环保”“学前教育立法”“留守儿童”等与公安工作相关的点。

通过两次现场报道，深刻体会着行业记者因报道领域所限，在跑会中更需要具备“捕捉”的能力，要能够迅速地从纷繁复杂的信息中找到你想要的东西。

两会期间，大大小小的记者会、团体会议、分组讨论很多，很多记者都会吐槽“跑了两天就跑不动了”，也有很多记者感慨“那么多会场真的分身乏术”，而这就需要合理有效分配时间，大胆取舍直奔重点。

哪里有你想找的人？哪里有你想要的“料”？只有多动脑筋，才能少跑冤枉路；只有多分析踩准点，才能抓到“活鱼”。

用得好素材——善于做“硬菜”“特色菜”

两会报道中，既要有短平快的报道，也要有有深度的“硬菜”。

如何做好“硬菜”，需要深入的前期采访、对素材的统筹把握和严密的逻辑表达。

在今年的两会中，尤其是到了后半程，重大决议多，宪法修正案、党和国家机构改革、监察法出台等，均需要第一时间作出反应。因此，在后半程的报道中，表态反响稿多，需要及时采集公安系统代表委员的感想。

我们在前期已经建立起的与代表委员的沟通渠道，所以迅速完成多次约稿。素材约来了，下一步就是怎么整合这些素材的问题。这几个重要的决议事关重大，在写稿的过程中必须做到精准无误。因此，在统筹素材前，必须先熟悉弄懂这些重要决议的主旨、核心内涵及精准表述，这样才能做出“讲政治”的“硬菜”。

除了紧跟会议议程的报道，还要善于对重点选题进行深挖。今年两会，“辱警袭警”“民警执法权威”是我重点要做的选题。在会议开始之初，我便制定出相关的采访提纲，并以此为基础开始“广泛撒网”。

一方面，我在两会开始的最初阶段，进行“外围”的采访，先后掌握了身为公安部党风政风警风监督员的贵州省文化厅副厅长姜刚杰、阿里巴巴集团副总裁孙军工等知名人士对这个问题的关注和建议。另一方面，在两会开始后，集中采访代表委员对这个问题的态度、建议。因时间精力的限制，我在自己采访的同时，将采访提纲给报道小组的其他成员，让他们协助采访他们“对口”的代表委员，收集到大量的原始素材。

会议接近尾声，我开始着手撰写这一篇稿件，通过对前期采访的大量素材的梳理，整合出“理直气壮为民警依法执法撑腰”“多管齐下维护民警执法权威”“推动全社会形成尊重民警执法权威的良好氛围”三个视角，全方位呈现出代表委员及专家学者对“维护民警权威”的态度和相关意见建议，可以说是我在此次两会报道中的一道“特色菜”。

仔细品味，做两会报道，如同是准备一场宴席，只有备得好菜才能手脚从容，只有练就技术才能控制好火候，只有荤素搭配才能众口皆宜。因此只有在备菜、烹饪、上菜各个环节都把握好，才能呈上一席令自己也令受众喜爱的盛宴。

（作者系人民公安报社采访部记者）

做好两会深度报道的三个意识

邱春艳

2011年3月7日，《检察日报》两会特刊刊发了我采写的通讯作品《推进教改医改，法治是一种力量》。这篇报道后来获得了第二十一届中国人大新闻奖报纸、通讯社作品通讯类二等奖。

记得当时检察日报推荐该文参加中国人大新闻奖评选的理由是："本文既体现了法治类报纸的专业特色，又具有关注度和可读性，紧扣社会热点，但不人云亦云，而是从法治的独特视角解读'教改'和'医改'这两个民生热点问题，探讨上学难和就医难的解决之道。在两会期间众多'教改医改'的报道中，独树一帜，成稿迅速，文字生动形象，是一篇优秀通讯。"

教育和医疗是两会上最为常见的新闻热点。一篇题材并不算特别的两会新闻通讯，何以获得评委的青睐呢？采写这样题材很常见的深度报道有何"套路"可循呢？回想起来，可以归结为三个意识：

一是准备意识。两会是一场新闻大战。如何在这场新闻大战中有更多胜算，答案当然不是临阵磨枪，而是早作准备。所谓抓新闻，其实也是有准备地抓，而不是无准备地抓，那样的话只能抓瞎。一方面是资料和分析的准备。上会之前，我分到这个深度报道题目，就思考如何从法治角度切入。我对群众在教育和医疗领域最关注的问题进行了搜集分析，形成了自己的一些见解和看法。另一方面是问题的准备。上会前，我就设想，如果遇到相关领域的代表，我该问他们哪些问题？如果问得太浅或者太宽泛，就不能勾起那些专家型代表开口讲述的欲望，也就做不出深度报道来。所以，采访的问题要尽量准备得具体、细致和深入。

比如，关于教育的一个问题：2010 年 7 月公布的《国家中长期教育改革和发展规划纲要（2010－2020 年）》中，其中有一章专门阐述了“依法治教和依法治校”，对这一问题，您是如何看待的？关于医疗的一个问题：有人认为，看病难分为两种，第一种是“绝对性”看病难，这是由于医疗资源绝对不足造成的“看病难”，是因“缺医少药”而无法满足基本医疗卫生服务需求的“看病难”；第二种是“相对性”看病难，是指由于优质医疗资源相对于居民需求的不足，患者去大医院看专家“难”的问题。而目前的看病难主要是相对性看病难，也就是优质医疗资源的不足。对这一问题，您是如何看待的？

这些问题较为具体细致，可以让专家型代表聊得更深入。正是有了这些准备之后，我在会上才有了和相关领域的专家代表聊天的“资本”。

二是对象意识。采访要出成果，选择采访对象至关重要。问题虽然有所准备了，但关键还得找到和问题“对口对路”的采访对象。为此，我提前研究了代表名单，列出了一个采访对象名单。两会开始后，我按名单努力联系，最终联系上了四位“对口”的代表。一是时任华中师范大学教育学院教授、长江教育研究院院长周洪宇。周洪宇代表向来以“敢放炮”著称，曾被评为“改革开放 30 年中国教育风云人物”，对教育问题有深入研究，他提出的许多关于教育的建议都被相关部门采纳。二是时任华东师范大学教授陈振楼。陈振楼代表对环境和教育问题都有深入研究，也提出过相关建议。三是时任九三学社安徽省委常委、亳州市主委徐景龙。徐景龙曾多次调研教育相关问题，提出过制定学前教育法的建议。四是时任山东大学齐鲁医院副院长孔北华。孔北华代表既有医疗一线的工作经历，又有很深厚的医学理论知识，对医改问题研究深入。这四位精心挑选联系的采访对象，都是相关领域的专家或是在相关领域一线工作的人大代表，他们从不同于平常的视角解读“教改医改”的热点问题，并提出了建设性的意见和建议。

三是“串联”意识。教育和医疗虽然都是很受关注的热点问题，但毕竟是两个不同的问题。如何将两个不同的问题串联在一起，而且又显得不露痕迹顺畅自然呢？我通过与出租车司机的一次对话来引出这两个话题：

3月6日，在记者前往某代表团采访的出租车上，热情的出租车司机朱师傅与记者聊起了民生问题。

“您最关心的民生问题是什么？”

“我上有老下有小，最关注的当然是小孩上学和老人看病的问题。”面对记者的提问，朱师傅毫不犹豫地回答。

当然，仅有一个对话串联还不够，我又在后面进行了阐释性的串联：

百姓关心的问题，代表们自然也很关注。在今年的全国人代会上，教育和医疗仍是代表们高度关注的话题。许多代表就“教改”和“医改”提出了议案和建议。他们的意见不尽相同，但有一点，许多代表都不约而同地提到了——在推进“教改”和“医改”的过程中，法治是一种不可或缺的力量。依法治教，立法保障医疗卫生事业的发展，为“教改”和“医改”提供良好的法治环境，已成为代表们的共识。

通过出租车司机上有老下有小，很自然地把小孩的教育问题和老人的医疗问题串联起来，引出了本文的话题。又通过百姓关注的焦点和代表们关注的视角引出本文的主旨：在推进“教改”和“医改”的过程中，法治是一种不可或缺的力量。

这篇报道刊发后，被新华网、新浪网、人民网等多家媒体在重要位置转载。这篇报道也展现了两会期间全国人大代表关注民生热点，履行代表职责的良好风貌。接受采访的几位人大代表也对本文的传播效果给予了肯定。

（作者系检察日报社总编室副主任）

经验型报道如何挖掘与众不同的“气质”

王　伟

在做经验型报道时，新闻记者往往会有这样的困惑：受访单位提供的采访点众多，记者容易陷入丰富素材的汪洋大海而找不到思路；一些经验亮点并非独创，难以挖掘更具特色的新闻价值。本人虽然从事经验型报道多年，但面对一些头绪庞杂、素材多样、题材常规的经验型报道时，不免还是会有上述困惑。

如何从纷繁芜杂的新闻素材中抽丝剥茧，形成文章的主体脉络？如何从看似普通的经验中寻找到与众不同的“气质”，在亮点之中提炼亮点？这是做经验型报道的记者需要认真思考的问题。

2018 年 2 月底，人民公安报社组成由《公安内参》编辑部主任刘学刚带队的采访小组，在江西省井冈山市完成“不忘初心、牢记使命”主题采访后，奔赴赣州市进行“新时代新气象新作为”主题采访。此次经验型报道采访中，记者通过以下三个步骤，发掘到了此次采访独特的新闻价值，较好地完成了这次经验型报道。

不急于定调子，要从采访中寻找思路

在开始采访前，赣州市公安局为采访小组提供了多个采访点，包括赣州“三大包围圈”建设、构建大巡控格局、老师傅调解室、少数民族管理服务站、公安部援建科技项目等，这些都是赣州市公安机关近年来涌现出的工作亮点。

亮点很多，但仅从汇报材料看，特点似乎又不太明显。在思路尚不清晰的情况下，采访小组认为，先不急于定方向，要到这些采访点实地看一看，在采访中寻找思路。

两天时间里，采访小组对这些亮点进行了实地采访调查，获取了第一手资料。一些受访点的采访效果超出预期，比如，采访赣州市公安局章贡分局南外派出所老师傅调解室，两位受聘的老师傅讲起调解矛盾纠纷的疑难杂症来，很有感触。赣州全市近百人的老师傅团队，4 年多的时间共调处矛盾纠纷 9000 多起，大大解决了公安机关长期以来调处矛盾纠纷占用警力资源的困扰。记者通过这一采访，发现这是赣州公安创新社会治理模式的一个很好的典型，当时就做了重点采访。

采访小组在赣州市公安局章贡分局南外派出所采访老师傅调解室工作

在采访“三大包围圈”时，记者发现，“三大包围圈”不仅在支撑立体化社会治安防控体系建设上发挥了突出作用，更如同一粒石子搅活了一池春水。在“三大包围圈”的引领下，赣州公安积极撬动警务机制变革，从启动各种信息应用平台，到拓展“全警情录入 +”，再到构建大巡控格局，赣州公安工作实现了精彩“蝶变”。

采访小组也根据实际情况，即时调整了采访安排。例如，帮教失足青少年的赣州第十一中学、对肇事肇祸精神病人家庭实行“有奖监护”，因为同属于赣州公安提升社会治理社会化、专业化水平的举措，考虑到与老师傅调解室同属于一个范畴，就没有做重点采访，以便采访报道详略得当、突出重点。

通过实地采访和汇报座谈的结合，记者全面深刻地掌握了采访素材，为后续的构思写作做好了铺垫。

不沉浸于素材浩海，要跳脱出来归纳梳理

结束完“三新”采访，记者回京后，就着手对采访素材进行整理。在整理中记者发现，赣州公安的亮点涉及公安工作多个方面，既有警务机制的革新，也有科技成果的研发，还有多元社会治理手段的运用，如果仅把这些内容简单组合起来，很难看出稿件的主题思想，各部分之间也缺少逻辑联系。赣州市公安局认为他们的“三大包围圈”建设是主要亮点，这部分内容固然丰富，但通篇仅以这一方面成文，似乎略显单薄。

记者在整理采访资料时发现，“三大包围圈”建设是科技发力，通过“天网”工程发挥社会治安防控作用，但它却引领了赣州市公安局警务机制的变革，实际上是警务运行机制的创新；老师傅调解室、少数民族管理服务站、失足青少年帮教学校等机构的设立，实质是一种社会治理创新；视频人像质量优化工具集建设、三维码智慧门牌建设等内容，实质是警务科技的创新。“创新”成为赣州市公安局经验素材中的显著特征。

面对浩繁的采访资料，记者不能被材料牵着鼻子走，而要对其进行归纳、梳理，合并同类项，要从不同类别的素材中寻找共性，进而形成文章的主题思想和清晰脉络。此次记者从诸多素材中找到“创新”这一主题，也得益于前期对受访单位进行了全面的采访，看的点多了，掌握的素材丰富了，视野也就打开了，思路就能油然而生了。

不流于一般提炼，要从新闻背景中寻找独特价值

当然，确定“创新”作为文章主题只是定了一个大致方向，这个方向是否可行，还需要结合新闻背景进行检验。这种可行性，其实就是考察是否具有新闻价值。

改革开放以来，随着中国经济社会的不断发展，创新已成为引领发展的第一动力。在社会的各个领域，实施创新驱动发展战略成为主旋律。创新虽然“新”，但这个热词却不是新生事物。如果仅用“创新”统领文章，而没有相应新闻背景作为底色铺垫，似乎很难看出此“创新”与彼“创新”有何差异，更谈不上体现“三新”这一主旨了。

结合近期公安工作的时代背景，记者发现，加快社会治安防控体系建设、打造共建共治共享的社会治理格局是党的十九大报告的重要内容，科技兴警也是今年全国公安厅局长会议上赵克志部长提出今后工作的一个重要方面。因此，以警务机制创新筑牢社会治安防控的“铜墙铁壁”、以社会治理创新打造多元共治的良性社会生态、以警务科技创新提升公安工作核心驱动力三块内容就形成了，既有内在逻辑联系，也与当前中央精神、公安部重点工作吻合。

不仅如此，如何让赣州公安的“新”，“新”出别样味道？记者还从历史背景中寻找证据。记者此行到赣州的瑞金市、兴国县等地采访，这些地点都是当年苏维埃红色政权成立伊始时的主要根据地。可以说，这是一片传承着红色基因的沃土，是一个闪耀着苏区精神光芒的地方。记者在考察中了解了赣南苏区那段光辉历史，认识到苏区精神革命性、民族性、时代性相统一的品格，赋予自身本来就具备与时俱进的人文精神内涵。所以，创新始终是苏区精神的题中之意。在这样一片高扬传统革命精神的土地上，当创新的时代课题悄然而至，这种“新”“老”交织碰撞出的火花更加意味深长。因此，以创新为主题，以三种不同领域的创新贯穿全文，对于

赣州这片红色故土来说，有其独特的气质、特别的含义。

最终，记者以《赣州：红色故都奏响“警务创新进行曲”》成文。稿件刊发后，赣州市公安机关多个微信公众号和相关网站予以转发，受到当地公安机关高度认可。

采访小组参观考察瑞金市中华苏维埃共和国国家政治保卫局旧址

通过此次采访，记者发现，一篇稿件立意“新”，并非一定需要采访内容也是新事物。赣州公安机关的很多做法，在其他地方也都曾有过，但这样一个欠发达地区公安机关在短时间内有如此大的变化飞跃，这样一个带着红色基因、作为新中国公安机关发源地的地方有如此大的创新之举，它的意义便显现出来。找出采访点与众不同的气质、独一无二的内涵，老树也能开新花。

（作者曾系人民公安报社《公安内参》编辑部记者）

学习思考挖掘　把“虚题”做实

郑明波

报社组织开展“三新”报道，我们的任务选题是“政治建警”，我们的采访目的地是陕西。政治建警一般看来是一个“虚题”，有着特殊的采写难度。突破“虚”的难点，把虚写实是成功的关键。在陕西的采访及其后的写作过程中，我深深体会到，学习、思考、挖掘是成功的三个关键词。

一个学习的过程

不打无准备之仗。我们采访组由四人组成：报社副总编蒋熙辉带队，我和总编室记者王丽雪、《交通安全周刊》编辑部记者傅蕾为组员。在蒋总带领下，我们先期就如何反映陕西公安机关政治建警工作的整体情况，如何突出陕西的特色，进行了多次研讨。

无疑，在陕西这块土地上，延安精神是最为宝贵的精神力量源泉。延安精神如何在陕西公安队伍中生根开花，又如何激励和引领陕西公安民警做好工作，这是陕西政治建警报道的脉络。大思路不难确定，但要规划具体的采访路线图，则不那么容易了。延安精神，对于我们来说并不陌生，但是，要以延安精神与公安工作相结合为角度，形成有深度、立得住的报道，那还是有相当的难度。于是，学习则成为采访报道的第一课。

采访组成员分头开始对延安精神学习再学习。什么是延安精神？它形成的过程是怎样的？它对于我们党的深远影响是什么？公安机关如何从延安精神中汲取营养？陕西哪些地方与延安精神的形成最相关？一连串的问题初步得到答案。虽然从接到任务到踏上行程，只有短短两三天时间，对于“恶补”的我来说，心里踏实了很多。

前期的学习，是个铺垫，打下了基础。接下来，采访的实施更是一个学习的过程。

延安、铜川是革命老区。我们重点在这两市进行了采访，特别是在延安投入的采访力量最大。在这里，条件不算好，与发达地区相比还有一定的差距。但是，这里最不缺少的，是精神，是做好公安工作的干劲。

梁家河村，是习近平总书记当年知青插队的地方。狭小而整洁的窑洞式警务室里，白色的铁架上整齐摆放着防弹头盔、警戒带、防割手套等警务装备。这个架子的对面，消防头盔、灭火毯、自救呼吸器、防火服等消防装备一应俱全。这个警务室虽小，但装备齐全，机制先进，它实现了治安警、交警、巡特警、消防警“四警联勤”。近年来梁家河村社会治安状况越来越好，已经连续10年没有发生刑事案件。

曾经枪炮震天的薛家寨，村民居住分散，有赶集日到派出所办事的习惯，照金派出所做好民警值班，确保群众在赶集日能找到人、办成事；延安城宝塔山下，枣园派出所组织“张思德志愿者服务队”，到操办婚丧嫁娶的居民家中，送上分色提示卡，温馨提示需要办理户口迁移或注销的注意事项；在以革命先烈名字命名的子长县，城关派出所打破民警午休惯例，实行弹性工作制，“不让群众等咱们，不让群众跑二趟”……

在延安市公安机关，延安精神就是这样润物无声地生根开化，细致入微地体现在公安机关为民的枝枝节节上。

我们从西安出发，向北开进，沿途先走访了铜川的照金革命根据地。然后，继续向北，到达延安，在子长县、安塞区、宝塔区进行了采访，深入薛家寨、梁家河、棉土沟、枣园、鲁艺、瓦窑铺会议旧址等。

结合人民公安报的特点，我们重点对铜川市、延安市公安局，以及所辖的派出所、警务室、看守所进行了蹲点式的采访，采访了一批优秀的民警个人，真切地感受到西北黄土地上，延安革命老区公安民警不忘初心、牢记使命、扎根基层、牺牲奉献的精神。这也是一个学习过程，精神受到了一场洗礼。

一个思考的过程

在陕西的采访是一个不断思考的过程。我们思考的，有采访工作，有稿件撰写，更有延安精神与公安民警不懈坚守的契合。

基于书面知识制作的采访路线图只能算上纸上谈兵。随着采访的深入，学习的深入，我们也在据实调整着采访方案，不断变换“腹稿”的写作角度。

红色精神体现在哪里？带着这样的问题，我们来到陕西，走入警营。到基层去，到最一线的民警身边去。采访中，我们感受到，相对于其他公安业务工作，政治建警工作“干货”不容易捞。最直观的反映是，一些民警忙于具体工作，能经常抽出身来总结日常警务与延安精神关系的并不多，能升华到理论高度的更是可遇不可求。这就需要我们记者去思考、去升华。

基于这一状况，我们经过反复研讨，确定了“挖干货”的思路，按照“传承红色基因——政治建警带动队伍建设——队伍建设提升公安工作”的逻辑进行采访写作。

延安干货多。第一，红色资源是延安的富矿，以此为切入，采访对象有的说，采访单位有经验做法，基层民警有感受。第二，红色精神的学习与传承是思想政治建设的抓手，而通过学习与传承提升队伍凝聚力、战斗力，这也是比较易于抓到采访素材的领域。于是，我们明确了政治建警、以党建带队建的方向，挖掘了一批队建好经验和优秀民警个人事迹。第三，队伍建设的提升，成效最突出地表现在打击防范、服务群众等警务工作的方方面面，要以公安机关的工作成绩为归宿。围绕这一思路，我们进行了深入采访。采访的过程中，不断思考具体做法与红色精神的血脉联系，最终达到了采访效果。

一个挖掘的过程

在基层采访，如果说“没东西”，那只能说明你挖得不够深。挖掘是一个关键词。延安精神在延安公安队伍中如何落地生根？体现在哪里？那就要挖出一批践行红色精神的典型人物，挖出一些服务群众的好做法、好经验。

记者走进延安市公安局宝塔分局，作为红色圣地的守护者，宝塔分局组织党员民警重温入党誓词，读原著、学原文、悟原理。基层所队每天早点名之后要进行10分钟的思想政治理论学习。分局桥沟派出所把党的十九大精神学懂、弄通、做实，再传递给辖区的老百姓。充分发挥党建引领作用，形成党员带民警、民警带群众的良好氛围。

陕西省公安机关积极探索传承延安精神、强化科学管理、增强能力素质、培育优良警风的方式方法，全面加强队伍建设，激发民警旺盛的斗志和战斗力。陕西各级公安机关依托延安革命纪念地、铜川的陕甘边革命根据地照金纪念馆和陕甘宁边区政府保安处等红色资源，把接受红色教育作为领导干部轮训、新警培训、警衔晋升的必修课，从红色精神中汲取不断前进的力量。

安塞分局的双向考核正是在延安市公安局自主研发的目标管理网上考核平台基础上实施的。延安市公安局宝塔分局的做法是建立兴趣小组，格斗小组搏击对抗、射击小组举枪瞄靶、游泳小组碧波击浪，在分局内部形成浓厚的比学赶超氛围。

以典型为指引，向典型看齐，在三秦大地，一批批先进集体和个人如雨后春笋，冒尖涌现。我们也采访到了一批优秀的基层公安民警，如铜川市公安局耀州分局天宝路派出所所长彭程，子长县公安局城关派出所所长郝长明，延川县公安局禁毒大队大队长苗媛等。

郝长明在不止一个派出所担任过所长，走到哪儿，他都能把所在派出所带到第一名，在全县综合评比领先中，被称为“第一所长”。彭程根据群众作息调整工作时间，推出的工作法，解决了警务室人少事多的难题，被陕西省公安厅命名为“彭程工作法”。弱女子苗媛担任禁毒大队长，以娇弱之躯带队取得禁毒工作突破，被公安部授予“我心中的警察英雄”称号和“全国优秀人民警察”称号。

随着不断的走访挖掘，不但一批有成绩、有办法、有能力的基层民警典型被挖掘出来，形成鲜活的人物形象，陕西省公安机关的工作亮点与成绩也越来越清晰。

记者采访时正值数九寒天，子长县公安局合成作战室内却热火朝天，一场没有硝烟的战斗正在进行。各部门精干警力组成的合成作战队伍正在对一起案件的线索展开分析研判。

合成作战是最新的打防模式。目前，子长县刑侦民警已经较好地运用这一作战模式进行打击破案，通过合成作战室破获的案件占全局同时段破获刑事案件数的62%。位于铜川市的红色照金景区开园以来，铜川市公安局耀州分局照金派出所完成安保活动任务500余次，接待游客近600万人次，实现了景区零发案、游客零投诉、安保零失误。

对于一个整体情况的报道而言，在陕西的采访时间很紧。短短一周时间，收获不小，但遗憾也很多。期待能有机会更多地深入一线，更多地与基层民警同吃同住同出警，有更生动的细节、更感人的场景出现在报道中。

采访结束后，采访组撰写了《在铭记与传承中追赶超越——推进政治建警筑牢新时代陕西公安基石》，刊发于人民公安报2018年1月9日第一版头条。

（作者系《人民公安》杂志编辑部负责人）

千淘万漉虽辛苦　吹尽狂沙始到金

张耀宇　李昌林

如何在纷繁复杂的汇报材料中找到"新闻眼"？如何在短时间内眼观六路、耳听八方，找到有价值的信息？如何迅速将30万字的资料"消化"掉，写出有质量的稿件？我们在实践中找到了答案——黄沙吹尽始得金。

今年1月31日至2月1日，在完成"不忘初心，牢记使命"主题报道采访任务后，由报社副总编辑苏传庚带队，采访部副主任张耀宇、《消防周刊》记者李昌林组成的主题报道采访组一行3人，从河北省平山县直接赶赴衡水市，进行"新时代新气象新作为"主题报道采访。

亮点之中找亮点

这次采访中，每到一个单位，一般当地公安机关都会安排进行座谈。座谈是个好事，记者可以从中全面认识一个单位，也能收集到较多新闻素材。但是，一些有价值的信息也容易被海量信息所淹没。

1月31日下午，知道人民公安报社记者来采访，衡水市副市长、公安局局长程蔚青非常重视。他安排了市公安局党委成员以及办公室、政治部、刑警支队、行政审批处、户政处、出入境、深州市公安局等部门负责同志近30人参加座谈，而且准备了厚厚的一摞资料。

程蔚青局长首先发言，把近年来衡水公安改革工作的经验做法进行了深入讲解，讲了近两个小时，讲得非常全面细致而且具体生动。可以说，他的发言中有海量信息，让我们觉得衡水公安改革工作处处有亮点。

对于记者而言，亮点少了很愁人，亮点太多也犯难。究竟要如何选择报道内容？就像一支世界豪门足球俱乐部的球星太多，选谁进入首发是令主教练头疼的事。

按照安排，各部门相关同志都要接着发言，至少 3 个小时都听不完。这个时候，苏传庚副总编辑果断与衡水市公安局领导进行了沟通，让大家先休息一会儿。

休息间隙，苏传庚副总编辑与采访组成员进行了交流，我们根据程蔚青局长的发言，迅速确定了重点采访对象，提出重点采访的要求，将焦点聚集在“改革强警”上。

“璞去瑕疵见玉泽，黄沙吹尽始得金。”在与重点采访对象交流中，我们进一步确定了衡水交警支队车管所改革、“资深民警进社区”、重点案件联合办理等亮点中的亮点信息。

眼观六路找“活鱼”

根据我们掌握的有价值信息，2 月 1 日，我们又先后到派出所、车管所、交通事故处理中心进行实地采访。

我们到的第一站，是桃城分局何庄派出所。

这种参观，大多是例行公事式的，有许多市局领导陪同，10 分钟就看完了，用一个词形容就是“走马观花”。

可是，作为记者，决不能“走马观花”，必须要多留意身边的人和事。有的时候多问一句，也许能找到好新闻。

在何庄派出所户政大厅，参观的领导两分钟就走了。记者发现有许多群众正在办理落户手续，觉得是一个采访的好机会，没有立即就走。

记者探身问了一名前来办理落户手续的居民："您好！我是人民公安报的记者，请问您是来办理什么业务的?"没想到那位先生很健谈，他高兴地告诉记者，他姓张，在办理落户手续，感到现在办事非常方便，几乎是"零门槛"。这一重要信息被记者记录了下来。

记者由此深挖。张先生所说的"方便"，源自于2015年开始衡水市公安机关在全省率先推出的"全开放式户籍制度改革"。取消了"二元制"户籍，所有派出所均可一站式、无条件办理户口迁移和临时身份证业务，破解了多年来羁绊群众脚步的落户难题。

在衡水市公安局何庄派出所实地探访

问题是时代的呼声，问题是改革的向导。采访中，我们以问题为突破口，以解决问题的方式方法作为重点采访内容。

我们了解到，一些单位治安防控手段单一，是长期制约衡水公安工作的短板。衡水市公安局副局长张杰告诉我们，桃城分局积极推行"资深民警进社区"工作，找到了解决这一问题的突破口，效果十分明显。为了解实情，我们一行深入何庄派出所，探访"资深民警进社区"情况。

由于采访时间非常紧迫，我们采取了座谈的方法，跟派出所民警、街道干部、社区居民进行聊天。其中一个典型例子就是在与他们聊天中找到的。

丽景名苑社区居委会主任王月娥告诉我们，一月的一天，7号楼9楼一户人家漏水到8楼一居民家，泡坏了家具，双方产生矛盾纠纷，差点就要动手。社区民警贾云峰、资深民警牟风波、张志军及时到场，通过耐心规劝，合理处置，涉事双方握手言和。

这样的例子很多，像噪音扰民、遛狗纷争等邻里纠纷，看似小事，却容易引发治安案件甚至刑事案件。资深民警及时到场后，这些问题一一迎刃而解。

记者拿起手中的笔迅速记重点、打开手机录音软件录原声，把这些原汁原味的内容记录了下来。后来这些故事作为重要的新闻素材写进了稿件，让读者感觉就像是发生在身边的事情。

在参观衡水市公安局交警支队车管所时，原定的采访时间不到15分钟。如何在如此短的时间内完成采访?

这个时候，记者必须调动所有的感官系统，睁大眼睛找新闻，耳听八路找亮点。

在衡水市公安局交警支队车管所办公大厅，记者发现，前来办事的群众三三两两，没有想象中的多。

记者看到一个民警在前台检查，一问才知道他是车管所车管科科长，叫周思民。他告诉记者："以前这里经常是人山人海。现在我们采取多项措施让网络多跑步、让百姓少跑腿，像补证、补牌、补年检标志等事项，在家动动鼠标就能搞定，人自然就少了。"

这就是新时代的新气象，记者迅速把这件事记了下来。

在衡水市公安局交通事故综合处理服务中心，记者看到，这里设立了事故受理、调查、评估、调解、保险等窗口，还专门设立了交通事故处理派出法庭，可以进行"一站式"交通事故处理。

这可是个新鲜的事，在全国范围内都不多。记者找到了法院派到这里的法官侯凤霞，他告诉记者："我们这是全省首家交通事故处理派出法庭，效果非常好！既降低了司法成本，又减轻了百姓的经济成本，许多事故纠纷通过人民调解程序就解决了。"

这些生动活泼的事例，都是我们在短时间内参观走访中了解得到的。

我们总结了一下这些实地采访的体会有：一是鼻子要灵，要有强烈的新闻敏感性，善于发现新闻，抓住核心点采访。二是手要勤、脑子要快，比如速记要快，抓重点、记核心，记不下来的可以用手机软件录音；对于一些重要的场景，可以用相机记录，方便之后写作时回顾。三是嘴巴要勤，觉得有新闻价值的事情，一定要多问，有时一句话就能找到非常重要的信息。

在衡水市公安局交通事故处理中心采访

走进考场用心答

如果说采访是在"赶考"路上的话，那么最后的写作就是走进"考场"做题。能不能取得好成绩，这是最后一个关键环节。

事实上，这是一次"二合一"的采访——采访组在4天内要完成“不忘初心，牢记使命”和“新时代新气象新作为”两个主题报道采访任务。2月1日晚上，我们从河北回北京时，用行李箱装了满满一箱子两个主题报道的采访资料。这一箱子资料，有几十本资料集，大概有30万字左右。

记者回京后，白天有任务，只能晚上抽空写作。写作之前首先要将近30万字的资料“消化”掉，从中找到一些有价值的素材，作为写作的辅助资料，然后列出写作提纲。

光是“消化”完这些资料，记者花了一个周末。这个周末，记者把采访的资料进行了回顾，画出重点，删繁就简，列出写作提纲，为下一步写作奠定了扎实的基础。

为了尽快完成稿件，在此后的一周内，记者每晚只睡4个小时。可见，记者还需要有能吃苦的精神，才能在规定时间圆满完成任务。

写稿的过程，是一个统筹谋划、展现亮点、删繁就简、思维升华的过程。一些细节和内容，还需要与采访对象进行补充采访。这个过程中，记者必须要耐心细致，决不能为了完成任务，就忽略核实一些重要细节。在写稿中，记者先后通过电话或微信联络，进行了10余次补充采访。

我们采写的稿件《衡水：从“跟跑者”到“领跑者”的逆袭》在人民公安报头版头条发出后，受到了当地公安机关领导的认可，并在微信公众号推介，赢得许多点赞。此稿也迅速被30多家网站转发，引发热议。许多网友点赞：“这几年，公安为社会作出的贡献，大家有目共睹!”“小地方大作为！为衡水公安点赞!”“衡水公安从量变到质变的微妙变化值得称赞。”一些单位从稿件中找到方法：“改革是目的，目标是强警，最终目的是为民。”“火车跑得快，全靠车头带。”

脚上的泥土、身上的灰尘、读者的肯定，是时代给予的馈赠，也是给予新闻工作者的最高奖章。

这次赴河北采访，让我们感觉到，作为一名新闻记者要始终坚守初心，时刻保持“赶考”精神，只有深入实际、深入生活，才能发现越来越多的“凡人微芒”；只有走近基层、走近群众，才能采写出冒着热气、有温度的新闻报道，在各种“大考”中取得好成绩。

（张耀宇系人民公安报社采访部副主任，李昌林系人民公安报社《公安内参》编辑）

如何把握主题采访的“时、度、效”

郭坤泽

2017 年年底，为响应中宣部关于学习党的十九大精神，开设“新时代新气象新作为”专栏的号召，报社组织安排了由副总编辑带队，各部门选调记者参与的大型专题采访活动。当年 12 月 9 日至 14 日，由邵清滢副总编辑带队，内参部副主任孙贵田、记者郭坤泽，中国警察网记者张芯蕊组团，赴上海就当地开展智慧公安建设进行深度采访报道。这也是报社“三新”主题采访的开局之战。

科技新闻报道是公安传统新闻报道中的重要组成部分，但是此次采访却面临诸多挑战：如何最鲜明地体现党和国家步入新时代，公安工作所发生的历史性变革？如何破解传统科技报道窠臼，找出符合时代脉络发展的历史逻辑？如何在最短时间内从纷繁复杂的大量科技创新中寻找符合时代发展趋势、对公安工作具有突破性意义的创新发明？在此次深度采访中，采访团找到了答案。

不打无准备之仗，紧扣主题报道事先紧密筹划

兵马未动粮草先行，道出了在传统作战中，后勤保障的极端重要性。在大型主题新闻报道中，这句话同样适用。在上海智慧公安建设主题采访成行之前，采访团就确立了“不打无准备之仗”的理念，从各个方面做好采访准备工作。

一是最大限度地占有新闻素材，做到主题采访“心中有数、心里有底”。在素材占有量上，采访团着重搜集了以下几类新闻报道

素材：人民公安报、公安内参近年来特别是最近一年的上海市科技公安主要新闻报道；其他媒体刊发的上海市大数据建设新闻报道；国内其他地区（如贵州、浙江）开展科技强警、数据强警的主要新闻；党的十九大中关于科技强国的主要论断；公安部赵克志部长主要讲话材料等。

二是紧扣时代主题，明确采访核心及关键词。在广泛占有新闻材料的基础上，2017 年 12 月 9 日，采访团前往上海采访。在火车上，记者读到了习近平总书记在中共中央政治局就实施国家大数据战略进行第二次集体学习时发表重要讲话的新闻，这一新闻正与报道选题紧密相关。通过认真学习习近平总书记的重要讲话，记者立刻注意到讲话中“实现政府决策科学化、社会治理精准化、公共服务高效化”的要求，高度概括了大数据战略对提升国家治理现代化水平的作用，当即决定以这句话中的三个方面作为未来稿件写作的结构，并开展相关采访工作。

三是围绕采访工作反复磋商，确定采访重点以及写作思路。稿件写作离不开前期采访工作，但并不意味着采访完成后才开始构思稿件。在采访前期，采访团就多次开会讨论未来稿件结构以及主要思路。采访团确定了稿件的一明一暗两条线索，明线即大数据战略对提升国家治理现代化水平的作用；暗线则是通过将上海公安党的十八大以来取得的历史性成就、我国社会主要矛盾发生新转化、人民群众对美好生活的向往、党的十九大报告中对公安工作提出的新要求等内容，予以表述和阐释，分散融入到文中，以此来切合“新时代新气象新作为”专栏关于贯彻党的十九大精神的宗旨。在实际采访中，记者正是以前期商定的稿件写作思路来有意识地进行采访、引导受访人，从而在最短时间内得到想要的新闻素材。

在深度上做文章，注意在繁杂采访中发现闪光点

上海智慧公安建设主题采访有几个突出特点：采访记者多，四

个记者既有分头采访又有组团采访，有现场采访也有事后补充采访；采访周期长，一周时间内采访团记者仅直接接触到的受访基层单位就达20多个，从领导干部到基层民警再到社会群众、相关专家达50多个；采访主题多，既有基层公安科技创新发明，又有全市大数据战略建设，既有各警种部门科技兴警的先进做法经验，又有涉及全局的智慧公安建设未来总体规划设计。如此“大容量、满负荷”的采访工作，如果没有统筹规划和工作预案，势必事倍功半。为此，在采访中，采访团密切分工合作，围绕科技兴警一条主线，以大数据与科技创新为两个侧重点深度挖掘。

记者街头走访群众，了解社会安全感满意度

在采访方式上，注重灵活多变。有现场采访，例如，记者到上海市长宁区虹桥新城小区，跟着民警一同感受智能门禁、智能卡口建设；有专题采访，例如，记者花一上午时间，围绕全局科技兴警规划设计，对上海市公安局科技处有关负责人深度采访；有书面采访，例如，记者列出采访提纲，邀请行业专家学者对上海科技兴警工作的时代意义和现实意义进行高度概括与点评。通过这样灵活多变的采访形式，以不同渠道来获取有价值的新闻信息，让记者能够在最短时间内完成整个采访报道工作所需素材，为稿件撰写奠定扎实基础。

在采访内容上，注重行业、警种、部门的平衡性与全面性。上海公安科技兴警涉及全市，横向囊括各个警种部门；纵向包揽了市局、分局和基层派出所等机构。这就要求记者必须注重采访的平衡性和全面性，有取有舍。例如，上海市公安局城市轨道交通分局在科技兴警工作中，针对上海市轨道交通大客流的实际，开展了 Wi - Fi 嗅探建设、最小作战单元建设以及改进智能安检通道等诸多举措。记者在采访中，摒除了不适合对外公开报道的 Wi - Fi 嗅探建设，而是着重了解新式智能安检通道在通关时间和安检效率上的革命性变革。

同时，在大型组团式主题采访中，受访单位与采访团出于不同的观察角度，对采访安排也不一样，这就需要双方及时沟通。例如，采访团经过与本报上海记者站的密切沟通，将原定的外籍人员管理部分适当压缩，而抽出时间和精力来着重了解上海市大客流应对以及反电信网络诈骗有关工作。突出主题，才能让采访工作针针见血，有所收获。

记者在采访上海市大客流应对系统

在创新上下功夫，突出采访的时代色彩和历史内涵

上海智慧公安建设主题采访工作在采访内容上是扎实可靠的。我们共现场采访了20多个基层单位和50余名民警、群众和相关专家学者，有现场描写、专家解读、记者叙述。但在稿件撰写中，记者却一度犯了难，原因在于尽管已有清晰的稿件架构安排与极其丰富的采访素材，但要把这些零碎的、时间线彼此交缠的素材，加以极具新时代特色和科技发展趋势的"包装"，这是需要反复思考的。

管中窥豹，可见一斑。此次采访最后刊发稿件题目为《在澎湃数据中打开智能界面——新时代推进科技兴警的上海观察》。标题将"澎湃""界面""上海观察"三个有影响力的上海新媒体名称巧妙、贴切地运用于主题和副标题当中，无疑立刻凸显了稿件的地域特点和时代特色。文章的导语中引用了习近平总书记对上海提出的要"像绣花一样精细"的城市管理要求及"让城市更有序、更安全、更干净"的治理目标；结束语中使用"申城故事"的表述，这些都更进一步强化了稿件的上海特色。在具体阐述中，则围绕云计算、物联网、人工智能为代表的新科技发展趋势，进行了既生动又有深度、既有叙述又有评述、既有微观视角又有宏观视角的呈现，通过这样一番深度阐释，文章有了"新鲜感"和"立体感"。科技，不再是冷冰冰和"高处不胜寒"，而变成了读者身边的故事。让读者感到，公安科技信息化，就在身边、就在眼前。

2017年12月24日，人民公安报在头版头条位置刊发了此次采访的稿件。报道被中国长安网等多家网络媒体选用刊发，引发强烈反响。基层一线民警和读者认为，记者深入一线，扎根基层，倾情讴歌了公安系统落实科技兴警战略，这样振奋人心的作品给基层民警以很大的激励和鼓舞。在公安系统内网上，不少民警转载这篇报道，他们留言说："科技兴警必须干在实处，必须用这样看得见的成绩来回报人民群众的肯定和支持！"今年2月，由中宣部组织，

新华社、中央电视台、法制日报、解放日报等主流媒体参与的上海智慧警务建设专题采访活动中，本报的报道被上海公安机关作为首要宣传素材提供给各家媒体。可以说，此次采访得到了读者和同行的充分肯定。

最后，需要强调的是，主题采访报道不仅是前方记者之间的密切配合沟通，更离不开后方编辑乃至校对的层层把关。唯有上下一心、缜密琢磨，才能让主题新闻报道最终成为完美“精品”呈奉在读者面前。

（作者系人民公安报社《公安内参》编辑部编辑）

发掘“老典型”在新时代的新风貌

杨彤涛

中国特色社会主义进入新时代，公安机关工作肩负着党和人民的重托，任务艰巨、责任重大、使命光荣，务必展现新气象、实现新作为、谱写新篇章。

2018 年 1 月 29 日至 2 月 2 日，按照报社安排，在福建记者站的积极配合下，由报社陈雪峰编委带队，记者杨彤涛、石杨、莫嫚和来自记者站的张春波组成采访组，在福建省上杭县对当地公安工作进行深入采访，挖掘上杭县公安机关在习近平新时代中国特色社会主义思想指引下，深入践行“四句话、十六字”总要求，不忘初心、牢记使命，坚持改革强警，全力护航当地经济社会改革发展的“新作为”“新故事”。

精心选题：小切口呈现大主题，小视角反映大变化

技高一筹的表达方式是提升新闻传播力的关键。好的传播方式，可以把“我们想讲的”变成“受众想听的”，也可以把“受众想听的”变成“我们想讲的”。通过小切口呈现大主题，通过小视角反映大变化，增强传播的感召力、公信力。

出发前，采访组与驻地记者张春波对接了解当地情况。张春波第一时间发来上杭县公安局、古田派出所的文字材料，方便采访组提前熟悉采访对象情况。

上杭县位于龙岩市西南部，又称杭城、杭川、金杭，是全国著

名的革命根据地之一，毛泽东、周恩来、朱德等老一辈革命家在这里留下革命足迹，古田会议在这里召开。2014 年，被誉为“新古田会议”的全军政治工作会议在这里开幕，习近平总书记发表重要讲话。

近年来，上杭县公安工作蒸蒸日上，2012 年、2017 年连续被授予“全国优秀公安局”。上杭县公安局古田派出所获得国家级、省部级荣誉不计其数，还创造了建所 59 年来队伍无违纪的记录。对于这样的“老典型”，找准采访的切入口是关键。

1 月 29 日，采访组从北京出发，当天到达上杭县古田镇。晚上，采访组就相关采访要求及时与上杭县公安局、古田派出所民警进行沟通，并进行初期采访，大概掌握了上杭县公安局、古田派出所的历史、现况以及近年来的发展变化。在古田派出所教导员郑志泉的帮助下，采访组梳理了下一步要采访的对象和走访的地点。

1 月 30 日一早，采访组首先来到古田会议会址，聆听民警的讲解，接受红色传统教育，进行红色精神洗礼。上午，采访组就古田派出所如何传承古田会议精神、加强民警思想教育、筑牢忠诚警魂进行采访。

采访小组参观古田会议旧址

采访期间，陈雪峰编委多次召集采访组成员，就采访对象确定、采访内容取舍、报道主题深挖等关键问题进行座谈。记者们围绕“三新”报道要求，结合几天采访的内容，提出自己的理解、看法，决定通过小切口呈现大主题，通过小视角反映上杭县公安局近年来工作发生的巨大变化。

讲好故事：创新表达方式，记录基层新变化

剧作家罗伯茨·麦基指出，人类对故事的胃口是不可餍足的。讲好故事，是创新表达方式的最佳载体。

基层是选题的富矿，基层民警是故事的源泉。采访期间，记者们不断深入派出所、警务室、社区、集市、学校和村民家里，将镜头锁定基层民警，寻找背后的感人故事，通过手中的笔，记录新时代基层公安机关的新变化。

为了解古田派出所与当地学校联手，打造“红土警务四小警队”情况，记者石杨冒雨和民警来到学校，围绕“四小警队”创建、活动开展情况，与老师、学生座谈……

为深入了解古田派出所的光荣历史，揭开创所59年来队伍无违纪的“秘密”，石杨赶到已年过八旬的古田派出所第一批民警丘永康家中，在其他民警的帮助下，克服方言困难，顺利地完成了采访。记者莫嫚笔头忙着记录，手头忙着录音，还不忘留下采访对象的电话号码、微信，方便补充采访……

为了解古田派出所晨会思想政治工作开展情况，记者杨彤涛一大早从被窝里爬起来，顾不上吃早饭赶来参加派出所七点半开始的晨会，记录下“一次特殊的晨会”……

上杭县公安局以金岗山社区为试点，创新推出“警+N”社区警务模式，打通社区治理“最后一公里”。为了解“警+N”社区警务模式，记者们一大早赶到社区警务室，详细了解工作模式，着力采访工作实效。记者们和民警、城管队员一起巡逻，到社区采访保安人

员，到菜市场采访卖菜的群众和商户，到临街商店采访商户……为检验实效，采访组在2月1日晚上9点再次来到金岗山社区警务室，了解金岗山社区中队值班队员们一天的感受和社区治安实际情况。

采访期间，上杭受冷空气影响常常下雨，天气阴冷潮湿。鉴于采访时间短，采访对象多，记者们常常不避严寒，一大早就开始一天的工作，有时候只能利用民警下班时间进行采访。

通过深入扎实的采访，采访组挖掘到大量生动、鲜活的故事，为写作奠定了良好基础。

记者石杨采访古田派出所首批民警丘永康

深入挖掘：站在更高层面，在“老典型”身上挖出新意

一篇新闻作品的价值大小，与主题正确不正确、深刻不深刻，思想意义和指导作用大不大密切相关。在上杭采访期间，如何站在更高层面，从“老典型”身上挖掘新主题，叙述新时代上杭公安机关的新气象、新作为，一直是采访组思考的问题。

党的十九大报告指出，要打造共建共治共享的社会治理格局。

采访组了解到，上杭县公安局坚持改革强警，自 2017 年以来，以金岗山社区为试点，创新推出“警 + N”社区警务模式，整合有效社会治安要素，变“独奏”为“合唱”，打通社区治理“最后一公里”，成效不错。

对于“警 + N”社区警务模式，采访组通过采访期间的所见所闻、所感所思，挖掘“警 + N”社区警务模式对于其他地方社区治理的借鉴意义。采访组一致认为，“警 + N”社区警务模式是上杭县公安局自觉的十九大以来创新思路、改进工作模式的“点睛之笔”。

采访组回京后，在忙碌的工作间隙抓紧撰写稿件，搭出框架、填充内容，队员间多次互提意见、商议修改，多次与古田、上杭联系，核实最新数据和有关表述。在截稿日期前，如期交稿。

采访组采写的“三新”主题稿件《上杭创新“警 + N”模式，打通社区治理“最后一公里”》于 3 月 24 日在人民公安报第一版头条刊发，并通过人民公安报微信公众号和中国警察网等跟进报道，一些网站纷纷进行转载，多个县市公安局派员到上杭考察学习社区治理新经验。

（作者系人民公安报社总编室编辑）

大胆取舍　找准主线　突出新意

付　静　赵晓渊

2008年1月7日，在完成了“不忘初心、牢记使命”主题报道在浙江嘉兴的采访任务后，报道小组兵分两路，一路由采访部主任孙军带领浙江记者站谢佳、采访部记者付静赴义乌，另一路由浙江站站长叶晟带领采访部记者周旭亮、赵晓渊赴台州，进行“新时代新气象新作为”主题报道采访。

如何在万花丛中选取最具特色的那一朵？如何在纷繁复杂的素材中串出一条主线？如何在写作中跳出泛泛而谈的泥潭凸显新意？这些问题贯穿于整个采访报道过程。我们也在不断摸索探讨中寻找经验类新闻报道的规律——大胆取舍的选题立场、找准主线的采访逻辑、突出新意的写作方式。

取舍——挑出最具特色的“菜”

在去往义乌的火车上，孙军主任与采访小组成员便开始商讨“如何在紧张的一天中做出有特色的报道”，并提出要提高效率、抓住重点，必须“大胆取舍”。

在预设的方案中，“情指行一体化警务架构”“智慧平台建设”“智慧微消防站建设”是主线。“平安＋智慧”可以说是各地公安机关都在积极探索运行的社会治理模式。通过初步分析，义乌在平安建设中取得很好成效，但放在全国的“大篮子”中，并非独一无二的“菜”。

那如何挑到“独一无二”的菜呢？就在此时，方案中提到的“流动人口新丝路驿站”进入了大家的视野，引起了报道小组的兴趣。

义乌市作为新丝绸之路的起点，是流动人口大市，这是其独特的地理特点；在人员高度流动的现代社会，党员这一群体也随着迁徙的大潮流动，这就造成了流动人口党员处于“找不到组织”的困境，这是当代中国面临的现实问题。基于这两点思考，“流动人口新丝路驿站”对义乌来讲便具有“独特性”。

经过进一步了解，义乌通过“党建＋大数据”流动人口党员管理的方式，成功破解了流动人口党员管理的难题，做出了一盘“直面问题、成效突出、顺应时势”的“好菜”。

通过对预定采访内容的分析，以突出特色为出发点，报道小组大胆取舍，将采访的方向从“平安＋智慧”的主题转向流动人口党员管理的经验报道。

1 月 7 日抵达义乌，采访组成员从火车站直奔义乌市公安局人口管理分局，这里便是“流动人口新丝路驿站”的所在地。红色驿站内，“新起点”“新征程”“新家园”“新时代”四大板块展现着丰富多彩的党建文化，也展示着流动人口党员积极参加党组织活动的热情。通过参观，原本对“流动人口新丝路驿站”的好奇逐渐变得可感可触，也对驿站建设背后的理念产生了更大的兴趣。

在对新丝路驿站有了感官的认识之后，采访组成员开始“发掘”“追问”。义乌公安是如何找到这些流动人口党员的？他们平时是如何组织开展活动的？流动人口党员管理的新举措对社会治理有哪些成效？带着这些问题，采访组先后采访参观了义乌市人口管理大数据系统、红色驿站图书馆等，并对领导层、民警、流动人口党员等进行全方位的深入采访。

记者在义乌市公安局人口管理分局新思路驿站采访

发掘——找准一条主线贯穿始终

自2017年7月以来，浙江省台州市公安机关发起“治黑点、除隐患”、交通“安全村镇”建设、交通安全设施标准化等预防道路交通事故全民大行动。截至2017年年底，全市交通事故死亡人数同比下降40%。同时，台州公安在公共安全教育馆建设、防溺水安全培训、“五战”联合防火患等方面都推出了许多行之有效的措施。

通过对背景材料的了解分析，采访小组将报道重点瞄准“社会公共安全”这一主题。采访小组抵达台州后，冒雨赶到了台州市公安局椒江分局海门派出所，现场参观了安全知识讲解道具、移动安全知识讲解车，并采访了所领导及相关民警。随后，采访小组来到了台州市公共安全教育馆，深入了解了该馆的五大品牌：少年警校、平安讲坛、安全总动员、安全实验室、安全馆志愿队，并与馆长及馆内志愿者进行座谈。

在结束了首日的采访后，采访小组对采访内容进行梳理。台州市公安机关在公共安全方面能够取得如此巨大的成绩，关键在于台州市公安机关积极创新，将“严打整治”转变为以“源头防控”为主，积极发动社会力量，着力打造共建共享共治的社会治理新格局。

因此，采访小组确定了“从依靠公安自身到借助社会力量参与共建共治”这一采访重点，先后采访台州市公安局交通支队、台州市仙居县水上救援协会、台州市路桥分局路北派出所专职消防网格员，参观了路桥区官淋村社区的电动车集中停放充电点、外来人口之家，并到一家商务酒店了解其消防设施配备使用情况。

面对众多的采访对象、纷繁的采访素材，如何理出一条主线、有条理地反映当地的工作经验？采访小组在采访结束后，对所有采访素材进行梳理，认为“改变”这一关键词贯穿始终，可以将台州公安在推动社会公共安全建设方面的系列举措串联起来。

围绕“社会公共安全”这一主题，“从依靠公安自身到借助社会力量参与共建共治”这一重点，再到“改变”这一主线，小组成员在采访中一直在思考，不断寻找最佳切入点，为后期写作打下了坚实基础。

记者在义乌市青口村采访

新意——找到写作最佳切入口

“三新”的报道贵在“新”。面对经验类报道，如何写出“新意”？

在开始写稿前，孙军主任提出，“三新”稿件的写作要注重从解决现实问题为切入口，写明当地是如何破解难题的，即“提出问题+解决问题”。基于这一写作思路，报道小组成员分别确定各自的写作方向。

采访部记者付静在义乌组稿件的写作过程中，首先提出了三个问题：流动人口中的党员群体如何在异地生活中找到党组织、就地参与组织生活；流动人口党员登记难、管理难的问题如何破解；如何在社会治理中发挥流动人口党员的示范带头作用。

对于这些现实难题，义乌公安是如何“答题”的呢？记者从庞杂的素材中拎出了“流动不流失，离乡不离党”“小小的驿站，满满的能量”“党员老乡帮老乡，党员老乡带老乡”三个核心理念，并以此为切入点，全面介绍了义乌市公安局如何通过“党建+大数据”流动人口党员管理来破解流动人口党员登记难、管理难的问题，同时介绍了义乌公安建立流动人口党员大数据库、实施流动人口党员服务卡积分制、组建流动人口党员志愿者队伍等具体的做法，全方位展示了义乌公安在流动人口党员管理方面的典型经验与取得的成效。

稿件经过反复打磨修改，最终形成《打造新丝路驿站上的流动人口党员之家——义乌市公安局探索“党建+大数据”流动人口党员管理》一稿，并于1月19日在人民公安报头版头条刊发。

采访部记者周旭亮在台州组稿件的写作过程中，紧紧围绕“如何为长远健康发展铺平道路、增添动力”“如何回应群众安全新需求，推动公安工作理念和重心转变”“如何利用发展先行优势，调动全社会力量维护公共安全”三个问题铺陈稿件，全景式展现了台州市公安机关近年来在社会公共安全方面取得的典型经验和成效，完成了题为《填好“平安报表” 增强群众安全感——台州公安为现代城市安全发展探路》的稿件，于2018年4月2日在人民公安报头版头条刊发。

基层蕴藏着富矿。在此次报道中，我们深入基层所队、走上街头，与民警、群众面对面，记录他们的所思所想，呈现他们的创新举措，反映他们为推动公安工作的牺牲奉献。这是一次报道的过程，更是一次学习的过程。作为一名记者，应当更多地走到基层，去挖掘那里蕴藏的富矿，写出更多有深度、接地气的报道。

（付静系人民公安报社采访部记者，赵晓渊系人民公安报社总编室编辑）

发挥团队力量　连天线接地气

苏雪峰　王传宗

报社组织“三新”主题采访，我们的目的地是贵州。今年1月7日至1月12日，由报社孙宝叶副总编带队，总编室副主任黄明建、记者王传宗，《消防周刊》记者苏雪峰组成的主题报道采访组一行四人，先后赴贵州省贵阳市、遵义市采访。如何反映贵州公安的“新气象、新作为”？如何在采访中抓住“活鱼”？如何在后期写作中体现“高度”和“亮点”？从选题、采访到后期写作，我们找到的答案是：充分发挥团队力量，连天线接地气。

组员通力协作，不断调整思路

这次主题报道与以往记者单打独斗不同，从前期选题、中期采访到后期写作，全部由团队通力协作完成。

去贵州之前，孙宝叶副总编就召集大家开会确定了采访主题。地处西南边陲的贵州经济欠发达，传统产业的结构性矛盾突出，但近年来因大数据的迅猛发展闻名全国，最能体现贵州特色的无疑是贵州公安打造的“警务云”；被誉为“红色圣地、转折之都”的遵义市连续6次获评全国社会治安综合治理优秀市、4次蝉联“长安杯”，人民群众安全感和对公安机关的满意度位列全省第一、第二位。成绩的背后，是遵义公安一如既往的付出和努力，是他们立足红色资源、传承红色基因，不忘初心、牢记使命的孜孜追求。

第一天，采访组一行在贵阳市公安局参观“块数据中心”，看着大数据给警务模式带来的冲击和变革，经历了一场场头脑风暴。参观过程中，采访组成员边听边记边问，内心欢呼雀跃：这里简直是新闻写作的一座富矿！技术先进，应用广泛，案例鲜活，成效明显。

孙副总当即给我们下达了一个任务：趁着热乎劲儿想想贵州公安大数据运用这篇文章的标题和结构。第一天采访结束后回到酒店，大家开了个会，“我看这篇文章题目可以暂定为‘拥抱大数据　祥呈警务云’”，孙副总编首先发言，文章不宜过长，要抓精华，凸出亮点，写出新意。随后大家开始讨论发言，最后决定此次贵州公安大数据文章分为两篇，第一篇反映贵州公安运用大数据的整体情况，采用述评方式，第二篇反映贵阳公安的大数据具体运用，要见人见事。

报道小组最后决定，第二天兵分两路进行采访。记者苏雪峰留在贵阳市负责贵州大数据的采写，其他人赴遵义市进行采访。让我感动的是，当天中午我就收到记者王传宗的微信，内容是贵州公安大数据运用一文的布局结构。原来，这是组员们在上午去遵义的路上再次讨论的成果。这条微信顿时让我心里有了底，同时也“压力山大”：这简直是神一样的队友，我不能做猪一样的选手啊。

在密集的采访行程中，孙副总坚持每天晚上召集大家开会，就当日的采访内容和体会展开讨论，并就稿件的主题、框架、写作等方面给出明确意见和具体指导，同时就第二天的采访做出具体安排。大家通力协作，畅所欲言，互通相关采访信息和体会，为采访推向深入和稿件写作奠定了坚实基础。

采访组抵达遵义后，当地推荐了仁怀市公安局党建工作经验作为采访典型。实地采访中，我们发现此单位经验不足以支撑起“三新”专题。孙副总当即决定压缩采访时间，调整采访思路和方向，将仁怀经验做法纳入“不忘初心、牢记使命”综述稿件，转而将在座谈会中发现的遵义市公安局从优待警相关亮点作为“三新”的主要采访内容，为后期形成遵义从优待警一稿指明了方向。

采访中，我们在桐梓县公安局采访时偶然发现了该局“警娃之家”的做法，遂临时决定针对从优待警主题进行深度采访，为此稿的形成增添了一抹温情的色调。

采访组参观贵阳市公安局“块数据中心”

突出行进特点，强化泥土气息

此次采访主题宏大，“接天线”自是必不可少，而“接地气”的部分显得尤为重要。

关于贵州公安大数据运用的报道很多，面对厚厚一沓材料，如何写出新意？如何体现高度？如何体现公安报的专业性？

“到基层去，到现场去，一定要见人见事。”这是孙副总在去贵州前对采访组成员的要求。

一连四天，我们几乎跑遍了贵阳所有的主城区，从早八点到晚八点，从派出所到分局，从交通到消防，从案件现场到办案中心，从一个小区到另一个小区。我们和刑侦民警座谈，听他们讲故事，到超大社区消防指挥中心观摩消防队员出警，到高速路口跟随交警现场执法，在派出所视频监控中心与民警一起值班，到小区居民家中家访，和群众在居委会谈心……四天的采访让我们对公安大数据的应用有了更深刻的认识，抓到了很多“活鱼”，面对记得满满的采访本，我们心里更有底了。在后期的写作中，我们梳理了贵州省和全国近年来大数据发展过程中的大事记，将贵州公安大数据的发展置于这个背景中，增加了文章的高度和广度。同时，从公安主业切入，从一个个小故事谈起，客观生动地展现了贵州公安大数据发展的历程，增加了文章的可读性和“泥土气息”。

记者苏雪峰采访消防官兵

在遵义从优待警稿件采访过程中，孙副总明确要求该稿的写作要突破以往的窠臼，创新写作方式，用新闻事实引领稿件逻辑演进，用新闻事实引出新闻观点，写出新闻、写出温情、写出希望。在具体写作中，我们全力落实相关要求，较好地完成了相关任务。

针对很多单位按材料汇报、一线民警乐于谈工作、不善于讲故事的问题，孙副总表示“材料我们带走”，参加座谈会的各相关单位不准“照材料”介绍，转而将目光转向一线民警，请他们谈体会、讲故事、诉真情。这不仅压缩了采访时间、提升了采访效率，更为后期稿件的写作积累了大量鲜活的新闻事实和新闻故事，让稿件更接地气、更通警声。

为了做好稿件采写工作，我们先后走访参观了遵义会议会址和红军烈士陵园等教育基地，采访了市局、分（县）局、科所队，与相关领导、基层公安民警深度座谈，捞起了大量新闻“硬通货”。

吴天伦的眼泪、刘怀旭的憨厚、郑军的沉默、王仁杰的干练、冷一鸣的坚持、娄花花的欣喜……每一名民警的情感背后都有一段感人的故事，在精神上洗礼我们这些采访者。在稿件写作过程中，我们努力实现稿件情绪的演进和文字的发展同步，真正做到“接天线”与“接地气”的统一。

采访结束后，采访组撰写了《工作有活力有动力　生活有温暖有奔头》，刊发于人民公安报 2018 年 2 月 18 日第一版头条；《拥抱大数据　畅享警务云》刊发于人民公安报 2018 年 2 月 28 日第一版头条。

（苏雪峰系人民公安报社《消防周刊》编辑，王传宗系人民公安报社总编室编辑）

案件采访中应关注什么

胡　杰

报道案件，我们当然少不了要关注破案民警的大智大勇。除此之外，我们还应该关注什么呢？其实，每一起案子的特点是不一样的。有的案子在于破案过程的曲折离奇，有的案子则在于案件本身的社会性。犯罪像一把刀子，常常会把社会切出一个横断面，让我们看到平时生活圈子里根本看不到的人和事。我们为什么要对这些鲜活、生动、真实、深刻的社会信息视而不见呢？

关注社会底层的生存状态

（一）破译嫌疑人的犯罪动机

2004 年春，西安发生了一起轰动全国的“宝马彩票案”。一干贪腐体育官员放任无良商人承包体育彩票的发售，结果，所有的大奖都被这帮人操控起来，普通彩民完全没有可能凭运气获得“宝马”“奇瑞东方之子”之类的重要奖项。本来，这种暗箱操作已经成了行规，却突然冒出个圈子外的彩民中了辆宝马轿车。承包商马上意识到，中奖彩票被人造假，本能地选择了报警。结果，“宝马彩票案”吸引了无数人的眼球，中奖的刘亮一时成为最火的新闻人物。警方介入调查后，最终搞清了暗箱中的所有猫儿腻，一大拨儿人因此锒铛入狱。其中，彩票承包商犯诈骗罪、行贿罪，被判 19 年；陕西省体彩中心主任犯受贿罪、玩忽职守罪，获刑 13 年。

一张假彩票，就这样引爆了“宝马彩票案”的黑幕，并且深刻地影响了中国体育彩票行业的走向。那么，这张假彩票出自谁的手呢？是一个湖南籍的小木匠。那么，他为什么会这么干呢？采访中，笔者意识到，这个小木匠的生存状态，应该和他的犯罪动机是密切相关的。在《迷途的“宝马”》一稿中，笔者一开始就写到了这个小木匠。采访中了解到，这个小木匠当时一个月挣五六百块钱，花八十元租住西安最简陋的民房，放衣物的家具都是纸箱子。因为家里有两个孩子正在上学，他一直最大限度地省吃俭用。本来，从技术上讲，伪造这样一张假彩票是有一定难度的。但是，对于心灵手巧的小木匠来说，却不是个难事儿。因为生活拮据，小木匠不甘心自己花十元钱买的五张彩票一张也中不了奖，才会想到要这么个小聪明，在彩票上做了个手脚。

2014 年消防宣传日这天，西安中玩市场着了一把大火，好些店铺被烧毁，一个久病卧床的老汉被烧死。通过调取监控，民警发现是有人故意纵火。后来，案子破了，纵火的是一个身材矮小的年轻人。此人从小被父母遗弃，小学三年级就辍学。他先是捡破烂为生，后来就在果品批发市场给小偷打下手。长大成人之后，他就成了公安监管部门进进出出的常客。那么，在实施这起纵火案之前，这个年轻人又是怎样一种生存状态呢？

以前，这个年轻人不蹲看守所的时候，他会到一些网吧之类能管吃管住的地方打工。他的生活内容，除了上班，就是打游戏。因为要花很多钱买游戏装备，隔三岔五，他得出去偷一回东西。最后一次被放回来，他没有再找工作，而是在他从小就熟悉的中玩市场旁的一家小招待所住下。因为有一帮专门在商场偷高档衣服的盗贼雇他打掩护，年轻人每天有三百元的收入。在《纵火的弃儿》中，笔者如实记录了这个名叫王军的年轻人当时的消费情况：

收入高了，王军的消费水准也就高了。他身上穿的衣裳，里里外外都不洗，内衣穿三天就扔，外套顶多穿一周。即使是冬天的棉外套，他也是穿脏了就扔。他对穿衣裳倒不讲究，外套也就花一百来块钱买一件。但有时贼们会把尺码较小、又不好出手的衣裳送给他穿。这时，他的衣裳就会是挺吓人的大品牌。王军一天要抽三包烟，他只抽“芙蓉王”，这项消费，一天就得100元；他差不多每天都要喝酒，他一次能喝九瓶啤酒。啤酒他一般只喝“红狼”和“青岛纯生”。在一般老百姓眼里，喝这样的酒也算是高消费了。

那么，王军为什么要去纵火呢？原来，作案当晚，他又喝了九瓶“青岛纯生”，有些兴奋。他去一家网吧跟人聊了一会儿天，又去一家小宾馆想偷点东西，但没能得手。这时，他逛到了中玩市场里。初冬的深夜，让酒后的他开始感觉有点冷。于是，他放了第一把火，“想烤烤火”。至于接着又放了第二把、第三把火，连他自己也说不清究竟是为了什么。直到看到救火车一辆接一辆开进这里，他才觉得“有点后悔”。

一个社会的弃儿，最终引发了一场火灾。试想，如果不去关注这个现代阿Q的生存状态，这样一起纵火案写出来又有多大社会意义呢？

（二）显影法律边缘地带的灰色人群

社会上的职业是形形色色的，有的职业可以填进个人履历表，而有的职业却压根上不得台面。笔者在《命运黑曲》中，写过这样一个舞女：

赵冬三十多岁，长得有几分姿色，收拾得也挺性感、前卫。只不过，如果她不化妆，你会发现她脸色铁青，和人说话时目光呆滞。大热天，如果进了空调房子，别人会感到舒适，而赵冬却很快就会嚷嚷“冷死了、冷死了”。有经验的人跟她稍稍接触，就知道她是个吸毒者。赵冬根本不姓赵，但她的本名很少有人知道，就像她究竟是什么地方的人，也没人说得清。多年来，和人打交道她就一直习惯于用化名。不是说常言道行不更名坐不改姓吗？那些人都是正常人，赵冬不属于这号人。她以前是干什么的，没人知道。但现在，她的职业就是在大众舞厅伴舞。这号舞厅伴舞，没人在意你的舞技，因为赵冬之类的舞女主要是靠跳黑灯舞挣钱。用行话说，叫跳黑曲。黑灯的时候，男舞客不仅可以把女舞伴搂得紧紧的，还可以上下动其“咸猪手”，这样的曲子一曲十块钱。王全安在加拿大蒙特利尔电影节上获过大奖的电影《纺织姑娘》中，就有这样的黑曲镜头。当然，对于赵冬之类的舞女，舞场挣的还是小钱。和舞客掐好价码后，他们往往还会跟人家打的出去，完成性交易。赵冬她们的差事摆不到桌面上来，生怕被家乡父老知道，所以，她们愿意像作家或者艺人一样，起个化名混世界。

笔者的《失算的一劫》，写的是一起入室抢劫案。放在全国来说，远远算不上有影响的大案要案。但是，这起案子有个不同寻常之处：被打劫的人家，男主人是个算命的。此人住在一个高档小区，每天早上开车去乡下老屋上班。四面八方找他算命的人，多到天天要排长队。以至于他所在村子的经济，都被他带动起来。一大早，就有村民在他家替算卦的排队占座；白天，村民们卖各种小吃、把小院当作收费停车场，都能跟着这位“易神仙”赚点小钱。那么，易神仙又是个什么样的人呢？

易神仙该是个仙风道骨的老者吧？还真不是，就是个三十来岁的男子，普普通通一农村青年。当然，现如今，这农村青年与城市青年也没啥大区别。要说他模样有什么特别，也就是阴柔之气稍重一些，男有女相，说话有点娘娘腔吧。易神仙本名当然不叫“神仙”，经历也并不传奇。他上过卫校，学过医，毕业后，在家开过三年诊所。哪知道，他有心栽花花不开，无心插柳柳却成了荫。开诊所他没挣上钱，作为副业，本来纯属扯淡的算命却在不经意间越来越火。后来，他干脆关了诊所，专心为人指点迷津。那么，易神仙年纪轻轻，又没出家当过和尚、道士，怎么就有了这两下子呢？有人说，易神仙小时候跟老人去庙里进香，就对道士算卦入了迷。后来，上学期间，他就成了个半仙儿，常搬着别人的巴掌看纹路，为同学们宏观把握人生。至于准还是不准，这就有老话儿在前头搁着：诚则灵嘛！不过，江湖上却传说，易神仙七岁跟着大人到骊山人祖庙上香时，受过骊山老母的点化。甚至有人说，他就是骊山老母的儿子，这就类似某个大人物宣称，自己是人民的儿子或者农民的儿子一样。只不过，易神仙有自己的亲妈，而且父母双全。每天中午十二点，甭管外面排多少人，他亲妈一准儿会过来轰人。神仙儿子也得吃饭，而且，中午还得小睡一会儿呢。

易神仙来钱太容易，就让一个厨子往心里去了。厨子在邻近的阎良区开了家餐馆，生意不好，还让工商部门封了门。厨子之前找过易神仙算命，发现这个同龄人发财太容易，就动了绑架他家属弄钱的心思。厨子找来一个同样缺钱的发小当帮手，密谋了几个月，终于进了易神仙家。却发现，易神仙家里就有大量连数都没点过的现金。于是，绑票改为抢劫。

如果不是发生这样一起案子，普通读者怎么可能想象到世上还有易神仙这类人存在呢？

（三）悲悯情怀不可少

一百个人眼里，就有一百个哈姆雷特。采访案件，也是一样。同一个案子，不同的人去采访，写出来的稿件差异会很大。采访者的阅历不同，关注的侧重点就会不同。如果阅历是一时半会儿不能改变的，那么，采访者的态度却是可以掌控的。这里，笔者想提醒采访者，除了敬业之外，对社会底层人群的采访，一定要有点悲悯情怀。只有这样，写出的稿子才会有温度。

2004年夏，西安警方侦破了一例治安管辖的刑事案件。非典之后，能够增强人体免疫力的人血白蛋白市场非常好。人血白蛋白是从人的血液中提炼的。在暴利的驱动下，一家民营企业就把大量未经检验的血浆投入生产。由于之前违规采血，这家公司在高陵的单采血浆站被卫生部门吊销了许可证。这样，临潼单采血浆站就成了该公司唯一的血浆来源。

采访此案时，笔者了解到一个奇特的现象——像纺织厂一样，临潼单采血浆站里，女厕所远比男厕所要大。为什么会是这样的呢？原来，和城里人自愿献血不一样，农村人献血，实际上就是卖血。如果家里不是特别需要钱，日子能过得下去，没有人会以卖血为生。在农村人眼里，卖血不是件光彩的事情。

那么，浆站是怎么保证献血的人源源不断地自动送上门呢？有一种职业就应运而生。浆站叫他们“联络员”，而献血的农民们称他们为“血头”。临潼有十三个乡镇，浆站的“联络员”也正好十三个。他们每个人负责一个乡镇。这些人有手机、有车辆，属于农村混得比较好的人。他们和浆站没有直接隶属关系，浆站不给他们发工资，但他们张罗来的献血者，浆站给的营养费要通过他们的手才能拿到。

“血头”们在村子里生活困难的人群、特别是妇女中寻找献血者。能来这儿献血的男人，大多数都是些缺胳膊少腿、或者身上长些肉瘤的人，甚至会有吸毒者。总之，都是些农村最底层的人。农村人都有个观念，认为女人的血是水，男人的血才是血。所以，卖血的人还是妇女居多。在《血疑——全国首例血液制品案侦破纪实》中，笔者把采浆站厕所这样一个细节写得十分清楚，相信读者也会对那些卖血者、特别是卖血的妇女产生同情。

人常说，虎毒不食子。可是，西安一个农村老汉，却雇凶杀害了自己的亲生儿子。农村老汉文化不高，不能对自己的行为作逻辑清晰的辩解；如果仅仅了解一下破案过程，笔者也很可能会得出结论：这是个愚昧无知、禽兽不如的家伙。然而，笔者了解到，这个遇害的儿子，是老汉的独生子；为了儿子，老汉当了大半辈子鳏夫，不曾续弦。是怎样不可调和的家庭矛盾，才导致这样的人间悲剧发生了呢？带着这个问题，笔者专程来到了老汉所在的村子，察看了老汉的家，并且走访了左邻右舍和老汉的弟弟一家。

原来，这个儿子还很年幼的时候，老汉外地娶来的媳妇就跑掉了，从此没有音讯。老汉从年轻时就又当爹、又当妈，一手把儿子拉扯大。之所以不再结婚，是怕儿子受后妈的气。儿子从小聪明懂事，学习也好。可上到高二，儿子却因为早恋受挫，从此不再好好读书。如何教育好青春期的儿子，已经超过了老汉的能力范畴。儿子在家窝了几年后，跑出去打工，却被拐骗到黑煤窑里，受到了非人的对待。虽然最后侥幸逃了出来，但他精神上受了极大刺激。从此，这个儿子就经常对老子使用暴力，打得老汉无法正常生活。在忍无可忍、实在没办法的情况下，老汉去劳务市场雇了个二流子当帮手，准备把儿子双腿打残，然后养儿子一辈子。可是，他们下手重了，儿子被当场打死。

这个老汉是那种最传统的农民，甚至不曾到外面打过工。他的全部收入，都来自土地。也就是说，老汉挣钱非常不容易。但是，笔者看到，老汉盖起了新平房，门前还摞着一堆砖，尽管家里没什么像样的家电、家具。像所有农村做父母的一样，老汉盖房子，就是为了给儿子娶媳妇。他攒下一点钱，就买一些砖。等砖攒够了，他还想把儿子的新房盖到两层。可见，这个老汉虽然干了糊涂事，但他是非常爱儿子的。有了这样的认识，笔者在《老汉杀子为哪般》中，就用全文三分之一的篇幅，专门写了一节《舐犊情深》，充分展示老汉对儿子从小到大的呵护与关爱。

关注社会问题

（一）当隐私不再属于个人时

因为破案的缘故，一些平时属于个人隐私的信息，会在不经意间被曝光。这些信息，常常就隐藏着值得我们去关注的社会问题。

《纵火的弃儿》写的是一起纵火案，这起中玩市场的火灾中，有一个患脑梗二十多年、已经卧床不起的老汉在一家店铺里被活活烧死。问题是：老汉的儿子一家人就住在对面的恒大绿洲小区里。老人生活不能自理，怎么能把老人扔在店里不管呢？走访中，民警了解到，老人病入膏肓，他儿子已经随时准备把老人往蓝田老家送。老人要土葬，只能在他咽气之前送回去。事实上，如果不是这把大火，谁也不会知道他儿子把老父亲一个人留在店里，没人陪护。文中，笔者写到：

> 做儿子的，怎么能这样对待老人呢？有人说，这就是“久病床前无孝子”。但也有人认为，他儿子把老父亲放在店里，也是为了白天能照管上。和许多不肖之子相比，他这儿子还算不错了呢。

一个事业有成、经济条件很好的独身中年妇女，生理问题怎样解决，这当然只是她的隐私。她去与谁幽会，连她已经长大成人的儿子也不会知道。可是，如果她在一次这样的幽会中被人杀害，她的隐私就不再是隐私，警察必须弄清楚其中的所有秘密。在《摇啊摇，摇到断魂桥》中，笔者这样揭秘这位喜欢通过手机“摇一摇”找小鲜肉的受害人：

说实话，小孙是个什么人，霍姐其实并不太关心。她只是喜欢他的年轻，小伙子长着一对剑眉，显得阳刚、英武。如果说关心他的过往，她也只是在意他有没有结婚。这种游戏，她不想伤着什么人。用电影《手机》里费老的台词说，那叫“麻烦，太麻烦！”作为一个身体健康的女人，她的生活中需要异性。有过第二次婚姻的失败，她觉得自己的日子也就只能这样饥一顿、饱一顿地过下去。当然，这只是属于她自己的小秘密，即使是跟自己的儿子，她也只字不能说。不管怎么说，霍姐都是个热爱生活的女人。像孔雀开屏一样，她总是想把自己最靓丽的一面展示给别人看。她剪了动感的短发，一直做着美容，身上穿的衣裳都是精挑细选，从戒指、耳环，到项链、手链，各种零件她出门时一个都不能少。她觉得自己已经苦尽甘来，有理由享受一点生活。通过手机认识个把“小鲜肉”，对她来说，就是个充满神秘感的乐子。

有霍姐这样的“富婆”存在，就有专门吃软饭的“小鲜肉”存在。如果遇到个狠角，只喜欢她们的钱财，而懒得跟她们谈情说爱，谁能保证这篇案例写到的这种极端情况就不会再发生呢？

（二）冷眼观热点

公安机关侦破的案件，常常会成为社会舆论关注的热点。作为公安新闻工作者，我们理所当然也要关注这些热点新闻。但是，我们却没必要顺着人家的思路跑。多问几个为什么，才能找准自己的方向。

两年前，西安警方破获了一起生产销售假药的部督大案，一次抓获了26名犯罪嫌疑人。主要犯罪嫌疑人张泽安是个专治糖尿病的中医，在全国九省共建有30多个巡诊点，在糖尿病患者中，不仅是名医，简直就是神医。然而，警方破案后发现，他自制的特效胶囊中，违禁添加了大量西药；而他的生产基地，竟然隐藏在一个羊圈里。案件侦破之后，央视“焦点访谈”都做过专题报道。笔者采访此案，是在央视之后。难道，笔者写出的案例只能是“焦点访谈”的文字版吗？

在“百度”上输入“张泽安”的名字，至今仍能蹦出来一长串他的各种头衔和获奖名录。一个户口还在山西定襄农村的乡村郎中，怎么从35岁起，一夜之间就成了一个拿奖拿到手软的人物呢？难道，中医行业跟体育界一样，年年都有各种竞赛？问题就在于，他获的那些奖，对于一般老百姓来说，都是听都没听说过的。笔者就那些奖项请教业内人士，他们也是闻所未闻。

研究张泽安的简介，笔者发现，张泽安2000年才把户口转到西安，确实当过莲湖区人大代表。但在网上，他的履历上写的是当选“西安人大代表”，看上去，是不是更像是西安市人大代表呢？还有，一个山西人，怎么可能在1998年就当选新华社陕西分社评出的“陕西新闻人物”呢？笔者向新华社陕西分社一位领导进行过求证，果然，新华社陕西分社根本不曾有过这样一个评选活动。

继续研究张泽安的履历，笔者发现，从1994年开始，此人年年在“获奖”，不断有各种花里胡哨的头衔在添加；而2006年之后，却出现一大片空白，直到2013年，才又荣获“中华医学创新发展促进会、中国医学专科专病特色专家”。那么，2006年5月，张泽安又是为什么离职的呢？结果，笔者从2006年5月《三秦都市报》一篇通讯《“黑药厂”藏匿西安多年挂研究所牌子造“保健品”》找到了答案。原来，多年前，陕西省卫生监督所联合警方就曾对张泽安的生产黑窝点进行过查处。

多年前就被查处过的江湖郎中，却能继续招摇撞骗，卖他葫芦里的虎狼药，这是社会的悲哀，也是我们执法部门的悲哀了。笔者在纪实文学《舌尖护法》中，将这些“科研成果”都写了进去。

（三）从普通人的困惑出发

中国人都望子成龙。可是，教育失败的例子也比比皆是。如果说独生子女长大变成“啃老族”的还不够典型，那么，《坑爹情种》中的刘晨曦就把“教育失败”演绎到了极致。刘晨曦的父母都是工人，一个月收入加一起，只有五千元。而刘晨曦从部队退伍回来的五个多月里，以种种理由，从父母这儿一次次骗钱。

> 正月初八，老刘再次接到儿子的电话。这次，他又输了四万元。电话里，老刘一阵沉默之后，终于忍不住抽泣起来。“人家押着我的身份证呢，我实在没办法。”电话里，儿子跟他乞求。没身份证，儿子就没有自由了，连坐飞机回来取钱都做不到。有什么办法呢？老刘只好东拼西凑，把四万元打到了儿子的卡上。
>
> 只剩下了两千块钱的刘晨曦就这么又绝处逢生。大年初九，他告别把他整得五迷三道的干妹冯梅，坐飞机回到西安。那么，手上的四万元他又是怎么花的呢？
>
> 大年初十，他到沙滹沱村一个按摩店去，要包个小姐带到酒店过夜。他出价一千元，人家跟他搞价钱，结果他干脆报了一千五一晚上的价钱。说是包小姐，但小姐白天并不陪他，想干嘛干嘛，包括去会男朋友。就这，刘晨曦还给她买了苹果平板电脑、苹果4S手机等，并且买了一堆衣服。手上还剩一万多的时候，小姐跟他借钱。“借什么借？我给你。”刘晨曦痛痛快快从卡上取了五千块钱，给了小姐。
>
> 这回骗来的四万元，刘晨曦只给自己买了一部手机。

他还是割舍不下那个干妹，给冯梅打去了三千元，冯梅替他在网上花两千五百多买了部翻新的手机。有一天，刘晨曦在网吧正打游戏，接到了冯梅她姐打来的电话，说他们准备回西安，让他把机票钱打过去。刘晨曦非常气愤，一个人在大街上走了半天，最后还是给她们打去了两千元。

这时候，离他第一天包小姐只过去了一周，而他口袋里却只剩下两千多元了。本来按摩店老板让他每天中午去结一次账，而他早早一次就付了人家14天共两万一千元。刘晨曦并不在意多给按摩店的一万多元钱，临分手，他还把那两千多元都送给了小姐。“疯也疯够了，我该回家了。”刘晨曦觉得，小姐也不容易，而且可能比他更需要钱。

回到家，他爸他妈没动他一指头，还跟他说，不追究他以前干的错事了。于是，刘晨曦又重新变成了当兵之前的那个宅男，天天在家上QQ。

在五个月的时间里，刘晨曦骗了家里十几万元。钱花完后，在外租房的他甚至每天用公交卡坐车回趟家，为的是趁父母不在家时，泡一碗方便面充饥。在饿了两天后，他跑到一家小区里持刀抢劫，捅死了一名男子。案子破了，刘晨曦被捕，他的父亲也因为包庇罪被刑事拘留。真是“坑爹坑到爹坐牢”了！

一个打工妹，嫁给了一个富有的台商，并且生下了一个宝宝，在现在人们的观念里，这是件挺幸福的事，哪怕这位台商年纪比打工妹要大很多。可是，十年前，在传统观念浓重的关中农村，这样的事却被打工妹的家人视为奇耻大辱。打工妹的父亲甚至唆使她两个哥哥，将她刚出生二十来天的婴儿活活勒死。笔者在《凶残的外公》一文中就记录了这样两种观念的残酷碰撞。

关注人性

（一）把正面人物写得更有质感

前文提到过的《血疑——全国首例血液制品案侦破纪实》中，笔者着力刻画了陕西省卫生厅法监处处长屈延英这位一身正气的公务员形象。本来，犯罪嫌疑人已经上下打点，搞定了对其犯罪活动构成威胁的所有行政执法部门，甚至包括省里领导。可是，利欲熏心的商人却遇到了既不爱钱、也不怕领导施压，甚至对可能遭受的人身报复都做好了应对准备的屈延英。正是由于这样一个法监处处长，这一黑幕终于被戳穿。那么，屈延英为什么会是这样一个“另类”呢？笔者了解到，这和她的出生及经历有关。屈延英的父亲是一位老红军，正部级干部。1968 年，父亲被关了牛棚，16 岁的屈延英下乡到陕北延川农村，亲身感受了当地老乡生活的艰难。特别是，当地缺医少药，让她深受触动。1972 年，父亲解放出来重新工作，屈延英有了上大学的机会。当时，供她选择的学校有两个：一个是北京邮电学院，另一个是西安医学院。本来，她一家人都在北京，她选择北京邮电学院，就等于回家了。可是，她却坚决地选择了西安医学院，为的是以后能回到陕北给老乡看病。虽然，大学毕业后，她一天医生也没当成，就进了陕西省卫生厅。那么，屈延英为什么非要顶着种种压力，揭开这一黑幕呢？采访中，她的一句话让笔者印象深刻。她说：“当官容易做事难！”

《西北盗车第一案》中，专案组长李浩是个对工作极为投入的人。不光是布局谋篇，连抓人他都常常扑在第一线。一次，情急之下，他硬是仗着二百斤的体重，把一个防盗门给踹开，根本顾不上脚肿腿瘸的后果。笔者没有仅仅罗列他这些故事，而是像写屈延英一样，试图写出他的内心世界来。作品中，笔者引用了他媳妇对他的评语：“他对得起共产党，共产党也对得起他。”李浩是个公安劳模，组织上给了他很多荣誉，他一直有知恩图报的情结呢。

（二）犯罪嫌疑人也有正常人的情感

坑蒙拐骗、偷盗抢劫、杀人放火，刑事案件中的犯罪嫌疑人就是人们口头常提到的那些“坏人”。写出他们的社会危害性，当然可以对读者起到警示作用。但是，笔者要提醒案例采写者，不要忽视这些人身上那些正常人的情感。只有这样，写出来的人物才会更鲜活、更可信。

2002年9月17日，西安一家正在营业的大众舞厅发生一起爆炸案，当场造成十六人受伤，其中三人受伤严重。这起案件引起了海内外媒体的高度关注，包括美联社、法新社、德新社等境外新闻机构都天天打电话到西安市公安局宣传处，追问案件的进展。案子破了，嫌疑人是一对婚外情人。郭某36岁，她的情人孙某22岁，都是北方制药厂的工人。郭某27岁的时候，在舞场上认识了一个城中村男子，和此人成了地下情人。后来，郭某想摆脱这个男子，却完全摆脱不了。哪怕自己八岁的儿子一个人在家睡觉，老情人一个电话，她就得乖乖过去陪老情人，否则，老情人会让她在厂里和家里颜面尽失。赶上新来的工友孙某正好是个高中时期失去母亲、恋母情结很强的人，郭某跟他“痛说情史”之后，就引起孙某对那个老情人的愤恨。于是，孙某弄来了炸药，在郭某的帮助下，制造了这起“春天大舞厅爆炸案”，试图炸死那个老情人。作案之后，二人坠入情网。

笔者在看守所采访郭某的时候，发现她在极力地讨好管教民警。原来，孙某也在这个看守所里关着，天冷了，她希望民警给孙某予以关照，不要把他给冻着了。下面是笔者采访她时的一段对话：

笔者：事到如今，你怎么评价孙某？

郭某：没说的！

笔者：“没说的”是什么意思？

郭某：好！

笔者：怎么个好法？

郭某：样样好！

对这个小情人，郭某的评价就是这样的。这天，民警押着二人指认现场，俩人在被抓捕后第一次见面。笔者注意到，尽管都被民警控制着，现场又有好多记者以及围观群众，但这二人居然一有机会就旁若无人地深情凝视。第二天，《西安晚报》登出的照片上，都可以看出这一对婚外情人正在放电呢。

笔者这篇案例名叫《婚外情引爆春天大舞厅》，如果不把郭某的两次婚外情写透，读者怎么能理解这婚外情可能具有的爆炸当量呢？

2012 年 3 月，西安市公安局莲湖分局破获了一起因同性恋情感纠葛引发的命案。笔者在看守所和犯罪嫌疑人聊了一个上午，听他详细讲述了自己如何成为一个同性恋、如何在职场打拼以及如何爱上受害人的。从他的讲述中，笔者才知道，同性恋者和异性恋者一样，其实是天生的，后天是改变不了的。而且，同性恋也可以和异性之间的爱情一样，成为最美好的感情。甚至，因为没有任何功利色彩，它可能会更纯洁。但是，为世俗伦理所不容，这样的感情却是没有归宿的。当然，这也是本案这样极端事例发生的原因。笔者写出《一个同性恋杀人者的自白》，目的就不在于猎奇，而在于让人们对同性恋者多一份包容。

（三）无法解释的犯罪动机也属于人性

人为财死，鸟为食亡。很多刑事案件，都可以轻易找出嫌疑人的犯罪动机。当然，从社会学的角度分析，社会矛盾激化导致的冲动意识，也是重要的犯罪因素之一。可是，还有一些人的犯罪动机，无论办案民警还是犯罪心理学专家，恐怕都没法解释。遇到这样说不清、道不明的原因，写还是不写呢？笔者的观点是：如实记录下来，因为这是人性恶的冰山一角。

桑拿天的正午时分，一对父子驾驶一辆拉沙子的大卡车，经过一段乡村道路。一个到邻村打工的农村妇女骑自行车迎面过来，可能行驶的卡车惊吓了素不相识的农妇，双方发生口角。接下来，就发生了不可思议的事情。当着儿子的面，农妇被这个卡车司机拖进旁边的玉米地里强奸并杀害；而他18岁的儿子则先是帮着父亲焚尸灭迹，后是和父亲一起攻守同盟。问题是：这位农妇比卡车司机还要大一岁，毫无姿色可言。当时，玉米地里的气温又高得不得了。这个当时坐在副驾驶座位上、并无犯罪前科的卡车司机，怎么就会当着自己儿子的面，突然兽性大发呢？对自己的行为，卡车司机自己都不能解释。后来，他曾主动跟民警说起另一件事：他老婆在还是个少女时，被自己的亲姨父强奸了。虽然这个禽兽姨父死去多年，但卡车司机对这件事却一直耿耿于怀。民警经向他老婆了解，证实这个满嘴瞎话的人这次真没说谎。难道就是这样一件事，在这个貌似谦和的男人这里一再发酵，让他在这个桑拿天的正午突然变成了一个魔鬼？没人能说得清。那么，笔者也把这样的情节如实记录在《盛夏命案》中。

职场当中，从来就不缺少办公室恋情。年轻的女文员和大她很多的老板相恋，遇到了来自家庭的阻力。她的母亲对登过一次门的中年男子印象不好，她的哥哥维护母亲的立场，甚至对妹妹动过一次粗。尽管，哥哥根本没见过妹妹这位人到中年的男友。中年男子记恨女友的哥哥，于是精心编织了一个血腥迷局：他把招嫖时认识的一个坐台小姐包养起来，作为诱饵，钓女友哥哥出轨。然后，他杀掉坐台小姐，嫁祸于女友哥哥。事实上，这个中年男子有老婆、孩子，他的情人也不止这个女文员一个。他已经是个开着“奥迪Q7”、收入不俗的“成功人士”，和女文员的哥哥面都没照过，谈不上有多大仇恨，为什么要玩这样一个血淋淋的智力游戏呢？唯一的注脚是：他曾经坐过牢，仇视社会。而他，又是一个智商非常高的人。笔者在《血腥迷局》中，描述的就是这样一个放纵人性之恶、说不清犯罪动机的人。

（四）案件折射出人物的命运

案件侦破，有的快似闪电，有的却会有极其漫长的过程。在这个不可预知的过程中，一些人物的命运都会显现出来。警察如此，犯罪嫌疑人也同样如此。

1993年6月8日，三名日本游客在西安城堡酒店被人抢劫、杀害。案发现场，民警提取了一枚嫌疑人的血指纹。尽管警方投入了大量的人力物力，使用了所有办法，案子却迟迟不能侦破。这一年12月，西安又发生了一起抢劫银行的大案。城堡酒店专案组负责人之一的一位市公安局副局长连续工作三天，突发脑溢血。一年后病故，被公安部授予二级英模称号。当年提取到的血指纹显影的技术员，后来调到了珠海市公安局工作。一次，这位技术员在为一起跨国油轮劫持案取证时，不幸熏倒，掉进油池壮烈牺牲，也被公安部追授二级英模称号。

那么，是什么人最终扮演了这起案件的终结者呢？是一个年轻的广西民警。案发时，这个壮族小伙子刚刚参加完高考。不久，他收到了一个旅游专科学校的录取通知书。如果上了学，顺着这条路走下去，他就可能是个导游，而不是警察。但是，这个喜欢看福尔摩斯侦探小说的青年人，最终决定复读一年。第二年，他考上了中国刑警学院。毕业后，他分到了桂林。如果在这里一直待下去，他也无缘扮演此案的终结者。中途，命运又让他选择去正在招贤纳才的贵港市公安局。结果，在一次城市之间交差进行的指纹会战中，壮族小伙子从桂林的一份指纹中，比对中了西安城堡酒店的那枚血指纹。

再说说那两名犯罪嫌疑人。杀人越货，并没有让他们富裕起来。十一年后，本来属于哪个社会阶层，他们仍旧在那个层次里漂浮着。办案民警认为，以当年作案时的冷血和老练来看，此后这二人肯定还作过一些类似的案子。可是，直到被枪毙，这二人都不曾再交代一起案件。对此，一位犯罪心理学专家持不同观点：犯下城堡大酒店这样的惊天大案，足够他们在后来的日子里夜夜与噩梦为伍。因此，他们以后再不敢作案，也是完全有可能的。

上世纪九十年代中期，白鹿塬上小麦成熟季节，还没有成群结队的收割机出现。天不亮，农村青年某甲、某乙一起开车去街道上叫麦客。因为开车的某甲犯困，坐在副驾驶座的某乙给他点了一根烟。这时，某甲走神，撞上了一个也是去喊麦客的老太太。某甲是无照驾驶，车又是他花两千元买来的报废车，而老太太又撞得很严重，昏迷在地。俩人一时慌了神，决定趁着天没亮，把老太太拉远些，扔在路边。走半道，发现老太太没了气儿，某甲跟某乙一商量，就把老太太的尸体拉到某甲家弃用老宅的红薯窖里藏了起来。这一藏，就是七年时间。

发现老太太失踪，老太太的家人就开始疯狂地寻找。白鹿塬、神禾塬上共有 20 多个乡镇，分属灞桥、长安和蓝田；每个乡又有行政村二十六七个，在三个多月里，老太太的子女们将这些村子全都跑遍，有的地方甚至找过三四遍。怕老太太被人扔进了井里，光水井他们都察看了上百口。为找人，这家人光《寻人启事》都复印了几麻袋，几年下来倾家荡产。七年前，兄妹几个都还是满头黑发；七年后，他们全部都白了头。

其实，这些年，老太太家人找人，不止一次从某甲、某乙的门前经过。揣着这么大的罪恶，两个嫌疑人的灵魂当然也不得安宁。某乙不仅长时间吃不下、睡不着，连性功能都衰退了，以至于妻子老以为他有了外遇。后来，实在憋不住，他把这个秘密告诉了弟弟。兄弟俩都开个杂货铺，比邻而居。打这以后，弟弟做生意就老欺负这个哥哥，而哥哥却只能忍气吞声。其实，知道了这个秘密，他弟弟也憋得够呛。一天，弟弟终于忍不住，告诉了自己最好的一个朋友。可自打知道了这个秘密，弟弟这个好朋友也吃不下、睡不着，最终干脆抑郁了。好在这个好友的舅舅是个警察，问出了这个秘密后，把案子破了。这时再看某乙，三十来岁的人，竟然也已经满头白发。

这就是被案件改变了的人物命运。

（作者系人民公安报社陕西记者站记者）

一碗素香暖心的“阳春面”

——人民公安报2017年终报道特刊出炉前后

张耀宇

每到岁末，盘点当年大事、回顾总结热点是很多媒体必备的“大动作”。与综合类媒体可以包罗万象的年度盘点不同，行业内媒体的年度盘点可以说更细分、更有特点。作为政法类行业媒体，人民公安报在2017年年底与往年一样，继续推出年终报道特刊“公安记忆”，回望人民公安报与200多万公安民警一起战斗的365个日日夜夜，翻阅洒满公安报人心血的从不休刊的365份新闻纸，把那些铭刻历史的事件、那些负重前行的身影结集呈现。

与以往年终报道特刊八个版“四菜一汤”的标餐规模相比，2017年四个版的“公安记忆”更像一碗“阳春面”，对于广大民警和读者来说，素一点，却入腹温暖受用；淡一点，却情感更加浓厚。

煮一碗怎样的“阳春面”

2017年11月，报社编委会决定启动2017年年终报道，成立由报社一名副总编辑牵头的报道小组，采访部、总编室、专题部、图片与版式编辑部、副刊部等部门为责任部门。

由于党的十九大期间人民公安报已经对包括2017年在内的5年来的公安工作进行了全面、系统、深入的梳理盘点，经过初步讨论，2017年年终报道确定为四个版的“公安记忆”，除了千字封面文章外，不再组织撰写整体综述、述评文章，主体内容重点以文图资料为主，以适应当下读者的阅读习惯。

虽然是简化版，但“公安记忆”的核心和内涵都不能少；虽然要做“阳春面”，但也要做一碗让读者感同身受的“阳春面”。

首先是确定主题。具有特殊重要意义的党的十九大胜利召开，2017 年的各项公安工作都紧紧围绕为党的十九大召开创造安全稳定社会政治环境开展；党的十九大描绘了新时代中国特色社会主义的宏伟蓝图，今后的公安工作立足于做新时代中国特色社会主义事业的建设者捍卫者。因此，护航党的十九大、护航新时代成为年终报道的不二主题。

其次是确定主体内容。那些值得铭记的事件和人物仍然是当仁不让的主角，需要从全年资料里选择最能够体现主题的一些人和事。表现形式主要是文字和图片。

再次是确定分工。文字资料收集、整理的工作量巨大，要求全面、准确、严谨，确定由更加了解报道全面情况的采访部、总编室负责；图片资料，确定由管理报社图片数据库的图片与版式编辑部负责；封面文章，确定由专题部负责；版面设计与编辑，则由预计刊发日的编辑部门副刊部及图片与版式编辑部负责。

最后是确定版面和时间。依据往年经验，因为一至四版要闻版版面无法保证，则确定在五至八版，五版作为封面版，六、七版打通呈现全年大事，八版集中致敬年度人物；刊发时间则确定在年底的最后一周，根据情况择机刊发。

精心准备“面”“荷包蛋”“葱”和“碗”

已经确定做怎样的“阳春面”了，下一步的关键就是按照要求精心准备“原材料”和“餐具”——“面”“荷包蛋”“葱”和“碗”。

“面”——主体内容。年终报道小组确定重要会议、重大安保、重要活动、重大专项行动、重大案件、重要法规、重大自然灾害救援和重大先进人物8项主体内容为“原材料”。采访部、总编室分别安排4名记者、编辑细致梳理整理文字材料；图片与版式编辑部安排两名编辑梳理整理相关图片材料。经过一周时间，每项主体内容分别整理出1万余字、10至20项内容备选。

“荷包蛋”——封面文章和年度图片。可以说这是年终报道的“头条”，是这碗“阳春面”的“主菜”。封面文章由近年为“公安记忆”封面文章主笔的专题部记者操刀，立足于“护航”“十九大”“新时代”等主题词，完成了一篇浸透深情、催人奋进的千字文章。年度图片由图片与版式编辑部负责，从2017年那些令人难忘的图片中选出几张备选。

“葱”——配发链接和散文诗。阳春面里的葱虽然需求量不大，但是却起到至关重要的调味作用。“葱”包括：配发链接，从8项主体内容备选项里确定出几个重点事件和重点人物后，其余内容作为链接配发；一首致敬英雄的散文诗，副刊部从来稿中精选了几首散文诗备选。

“碗”——版式。用什么样的版式承载上述的内容，就如同用什么样的碗盛出阳春面。图片与版式编辑部两位美编立足于报道总体基调，在一周时间内完成了精美的版式设计。

确定最后要下锅的“食材”和“碗”

完成初选后，年终报道小组领导对所有稿件和材料进行了细致审阅，确定了五版为封面图片，六、七版为4件大事，八版为10名致敬英雄，提出了修改意见和补充核实建议，报总编辑批准后，各责任部门立即进行修改。

一周后，准备最后入锅的“面”“荷包蛋”和“葱”呈现在大家面前：

【五版】“荷包蛋”1——封面文章《护航新时代的中国奇迹》，

回望民警从忙碌开始、以忙碌结束的2017年，发出了踏上新征程、迎接新使命、护航新时代的誓言。“荷包蛋”2——年度图片《爸爸下班喽》，定格了10月1日夜晚刚下班的湖北武汉一民警和前来迎接他的妻儿走在回家路上的背影，夫妻二人甜蜜对视的目光、趴在父亲肩上酣睡的孩子和民警警服后背大片的心形汗渍、繁华却模糊的街头背景，诉说着这一家三口团聚的不易，诉说着人民警察的忠诚与奉献，可谓是温暖又催泪的“大片”。

【六、七版】通版标题为《不忘初心栉风沐雨　牢记使命砥砺前行》，副题借用网络用语，命名为：“2017年‘公安记忆’热搜榜”，主要内容为：“面”1——4件大事作为“热搜词”，包括全国公安机关兴起学习宣传贯彻党的十九大精神热潮、党的十九大安保工作圆满完成、全国公安系统英雄模范立功集体表彰大会隆重召开、全面深化公安改革持续稳步推进4件重要会议、重大安保、重要活动等，采访部、总编室责任记者、编辑撰写了类似颁奖词的短评。“面”2——5张图片组合成为主图，分别反映了全国公安系统英雄模范立功集体表彰大会盛况、重大赛事安保、身份证制度改革、抓捕现场和重大灾害救援的场景。表彰大会中“一切为人民”5个大字醒目地道出了“人民公安为人民”的宗旨。“葱”1——在重要会议、重大安保、重要活动、重大专项行动、重大案件、重要法规、重大自然灾害救援7项内容中各选取10个左右事件，用一句话描述的形式，组成“热搜集锦”。

【八版】整版标题为《致敬英雄》，主要内容为：“面”3——10名公安英雄和先进集体代表2017年的公安民警群像，用“简短文字+图片的形式”进行展现，他们包括：淬火成钢、有血性有担当的忠诚卫士张劼；行走在刀尖剑锋的缉毒警英雄印春荣；战斗在一线的“国家级刑侦专家”刘忠义；社区各族群众的知心朋友黄文祝；视禁毒为毕生使命的李浏华；每次面对危险都冲锋在前的贾巴伍各；视伤痕是消防战士奖章的涂烨；守卫金融安全的经侦民警胡斌勇；生死一托、用生命诠释为民大爱的蔡松松；红色土地上的模范警队福建省上杭县公安局古田派出所。“葱”2——最后选择了散文诗《脊梁》向公安英雄致敬：“站在你矗立的地方，放眼望去，每一寸土地都镌刻着你的曾经……那深情的土地，那祥和的街巷，都是你用生命滋养出的血脉，都是你的诗，你的歌，你的无限风光。”“葱”3——对于“天天有牺牲、时时在流血”的公安队伍，“10”远远不能涵盖所有民警，所以列举了全年各类重要表彰活动及获奖名单，包括：中宣部“时代楷模”、中央军委“八一勋章”和全国公安系统英雄模范立功集体表彰大会上“全国公安机关先进模范集体”荣誉称号的获得者，被国务院、中央军委授予荣誉称号的获奖者、“全国特级优秀人民警察”荣誉称号等的获得者，公安部第二期全国“公安楷模”、CCTV2017 年度法治人物评选获奖者等。

“碗”——最终版式以代表着牺牲奉献的浅暗红色为主基调、以代表警服的深蓝色为辅助色，六、七版通版的主组图呈现在警徽的轮廓中，清淡地搭配了长城（六、七版通版）、心型（五版）、放大镜（八版）等图案。

万事俱备，就等下“面”！做一碗可口的“阳春面”，火候很重要。在报社领导的指导下，副刊部编辑利用一周时间仔细编辑、核实要点、打磨版面……2017 年 12 月 29 日，2017 年年终报道“公安记忆”见报啦！

这碗承载 2017 年“公安记忆”的“阳春面”，从策划研究、收集素材，到撰写稿件、设计版面，到最终盛在“碗”中编辑出版，历时一个多月的“烹饪”后端上餐桌，不知作为读者的您“品尝”后有何感受，是否像一碗岁末烹煮出的“阳春面”，素香而暖心？

（作者系人民公安报社采访部副主任）

在天柱采访盲警张秀昊

陈　晨

天柱县是贵州省黔东南州的第二大县，地处黔东湘西结合部，是川渝黔通往广东、广西和江浙等地的重要门户，素有“黔东第一关”的美称。天柱县城的东郊，有一天然石柱，几丈高，取名“石柱擎天”，天柱县城由此得名。

2016 年 10 月底，我受公安部文联派遣，前去采访二级英模张秀昊。那里的天气很古怪，前一天还风和日丽，慈眉善目，一副好商好量的笑脸模样，第二天突然就脸一板，又是风又是雨，气温突降十几度，寒气飕飗地往骨子里钻。这种突然袭击因为毫无防备，所以更让人感到阴冷和无措。

这天，我们约好了去张秀昊的父母家采访。陪我前去采访的该县公安局指挥中心秦主任因为单位临时有事耽误了，所以我们比原定的时间迟到了半个小时。

张秀昊的父母退休前都是天柱县民族中学的语文老师，住在学校的家属楼。走近家属楼，远远的，就看见张秀昊站在大楼的楼梯口。只见他理着干干净净的短发，穿着一套整洁的警服，脚上的皮鞋擦得很亮。他笔直地站着，像一个仪仗兵，庄严而帅气。他的脸微微地上扬，似乎在仰望，又似乎在凝神倾听。一幅宽大的墨镜配在他白净的脸上，给人一种很酷炫的感觉。当然他不是在扮酷，他手执盲杖，是一名盲人，更是一名盲警。

18 年前，时任天柱县公安局凤城刑侦中队长的张秀昊，为保护群众和战友安全舍身排爆，不幸被犯罪分子自制的炸弹炸成重伤。昏迷三天三夜后，他苏醒了过来，双眼却永远失去了光明，左手被炸断，右手也仅残存两个手指。那年，他才26岁。

风很大，雨很密，但他一直笔挺地站着，站了很久。他是在等我，等了半个多小时。即便眼睛盲了，但他仍然不愿意失了礼节；即便身有残疾，他依然保持着体面和尊严。

他迎接我，喊我陈老师，声音异乎寻常的洪亮，那是因为爆炸导致他的双耳耳膜穿孔，他的听力只有正常人的一半。

他和我握手，握我的手只有两根手指，但手掌宽厚而温暖。

家属楼的楼梯设计得很人性化，每一个台阶都宽而缓。不用我们搀扶，张秀昊一边跟我寒暄，一边在前头带路。他的父母家住在四楼，从一楼到四楼，楼梯拐了6个弯，一共48个台阶。这个楼梯张秀昊不知走过多少回，在熟悉的环境里，他走得很自如，抬脚，踩楼梯，拐弯，进门，每一个动作都稳稳当当，跟明眼人几乎没什么区别。

张秀昊一家都是侗族，但他父母家里的陈设、生活用品都跟汉族没有什么两样。张妈妈跟我说话时很照顾我的听力，普通话讲得很好。爆炸发生的那天，她正在家里带张秀昊不到周岁的儿子，突然有人来家里，请她上车，把她带到了医院，她看到儿子血肉模糊的样子，当场就晕倒了。没过几天，她的头发就愁白了。

张秀昊的父亲去年患过一次病，治愈后记忆力严重衰退了。他用很浓重的方言缓缓地告诉我："我脑子不大好了，很多事情记不住，但是秀昊当年出事后的情景我还记得清清楚楚。"与母亲的感性不同，张秀昊的父亲强忍悲伤，一心想着要在精神上鼓舞儿子，让他有生活下去的信心和勇气。感谢前苏联作家尼古拉·奥斯特洛夫斯基，他的那本《钢铁是怎样炼成的》曾经给多少困境中的人带来战胜困难的勇气，书中的主人公保尔·柯察金成了一个时代的精神偶像。这一次，张爸爸首先想到的还是这本书。他把书找来，一页一页地读给儿子听，以一个语文老师四十年的修为读给他听，以一个父亲全部的爱读给他听，他期盼着他的朗读唤醒所有的神灵，庇佑着他的儿子坚强起来，他幻想着他的朗读延展成无数有力的臂膀，托举起他的儿子站立起来……在儿子面前，他永远都是一幅镇定自若的样子，似乎在告诉儿子，有爸在，一切都会没事的。但是，有一天，他在上厕所的时候，突然想到儿子只剩下两根手指，将来连上厕所都需要别人帮忙，后面几十年的人生之路该怎么走啊，不禁悲从中来，放声大哭。那一通长哭，如山洪，如海啸，让他积压在心底的悲怆奔泻而出，足足哭了半个小时后，他才擦干眼泪，振作精神，重新走进儿子的病房。

让父亲欣慰的是，他的儿子张秀昊最终坚强地站了起来，凭借着顽强的意志力，克服了常人难以想象的种种困难，逐渐适应了残疾生活，并且刻苦自学，熟练掌握了电脑技术，于 2007 年重返工作岗位，目前是天柱县公安局 110 指挥中心唯一的带队民警。1999 年张秀昊被评为二级英模，受到了中央领导的接见，2009 年他被评为第三届“我最喜爱的十大人民警察”。他是英雄，是当代保尔，是天柱县公安局乃至整个公安队伍的楷模。

西谚有云：“产生英雄的民族是不幸的。”对一个家庭来说，有英雄的家庭也是不幸的。天下父母，最根本最朴素的愿望还是“唯愿吾儿愚且鲁，无灾无难到公卿”。18 年光阴，荏苒而逝；18 年风雨，甘苦自知。他的父亲，如今已经 80 多岁，尽管他的记忆力正在不可逆转地衰退，但他还是清清楚楚地记得儿子一路走来的艰辛和不易。他告诉我：“秀昊在学会电脑前，是不开心的。”

是的，张秀昊当年的不开心是可以想见的。当所有的伤口都渐渐愈合，所有的褒奖和关注都渐渐淡去，他要直面残疾人生活时，他才知道原来自己要面对的困难比预想的要大得多，不是仅仅靠意志品质就能克服的。每天都是漆黑的夜晚，长夜的后面还是长夜，永远等不来天亮，永远被滞留在命运的深谷，永远等不来救援。每当夜深人静的时候，张秀昊都难以入睡，他焦虑，绝望，暴躁，甚至一度觉得生无可恋。

张秀昊的父母和妻子看在眼里，痛在心里，如果可以，他们都愿意把眼睛捐给张秀昊，甚至那个被判了死刑的犯罪分子，临刑前也为误伤了民警而痛悔不已，愿意把眼睛捐给张秀昊，让他重见光明。但是，张秀昊伤到了是眼球的玻璃体，视神经也全部破坏了，永无复明的可能。

张秀昊的父亲还是想用保尔·柯察金激励儿子，说，你写吧，你小时候语文基础很好，我相信你可以成为一个作家。要想成为作家，当然首先要解决一个书写的问题。父亲和单位领导把张秀昊带到盲校，但是盲校老师一看，张秀昊左手已截肢，右手只有两根手指，说，学习盲文要靠十指的触觉去摸，他只有两根手指，根本没有学习的条件。

张秀昊不想让父亲太失望，说，盲文学不成，那我就试着自己写吧。但是哪有那么容易啊？即使在平面的纸上，也完全找不准方位，一写，所有的字都挤到了一堆，根本无法辨认。父亲苦思了几天，找来几张硬纸片，在上面刻上凹痕，让儿子再试试……

试试，再试试。失败了，换一种方式再试试。尽管很多尝试看起来是徒劳的，也没有听说过其他盲人有成功的先例，但张爸爸始终相信天无绝人之路，他心中永远有一个信念，儿子终有一天会把内心的所思所想自如而流畅地书写出来，他会成为一个自强不息的作家，一个永不言败的勇士，一个不向命运屈服的强者。

坚强的父亲和坚强的儿子，组成了抗击命运的强大组合，他们始终在寻找从困境中突围的途径，始终在寻找一条光明的出路。

终于，转机出现了。

2002年，大哥替张秀昊找到了一种可以帮助盲人上网浏览网页、阅读文章的电脑软件。尽管这套软件功能不全，使用起来很不方便，但是张秀昊一家看到了希望。2004年，张秀昊终于通过媒体发现了现在使用的这种盲人专用读屏软件，利用它可以上网浏览、聊天、收发电子邮件，更重要的是，还可以用它来打字，现代电脑及互联网的各种功能盲人都能够借助它得到正常使用。就像当年哥伦布发现了新大陆一样，张秀昊为这一新发现激动万分，他又重新能够读书、能够了解外面的大千世界，能够写自己想写的东西了！

然而，虽是盲人软件，操作起来一样要十指敲击键盘，用自己仅存的右手中指和无法伸直的右手小指能够做到吗？转念及此，张秀昊不禁有些恐惧，他真怕这刚刚找到的一丁点希望也被残酷的现实碾碎。还好，经过详细咨询了解，他终于确定，虽然有些不方便，但他基本上可以操作这套软件。

两天后，张秀昊在家人的帮助下买来了电脑，一个星期后，又收到了那套软件。张秀昊说："从此，每天除了五六个小时的睡眠和吃饭时间外，我都坐在电脑前孜孜不倦地学习着。我用残缺的半节拇指和食指去配合中指、小指来按键，遇到用残缺手指不能兼顾的时候，就用嘴咬住一支铅笔去按住一个键，再用右手按其他键，也学着用中指一个键一个键地摸索着敲击出一个个字……"

熟练掌握利用电脑读屏软件打字写文章之后，张秀昊萌生了重返工作岗位的念头，特别是听到单位领导有一次无意中说起警力奇缺，更加坚定了他重返警队的决心。看到张秀昊连打三个申请，态度十分恳切，天柱县公安局的领导班子经过郑重商议，最终同意了他的申请。

2007年11月，张秀昊在失明9年之后，重返工作岗位。对于张秀昊希望重返工作岗位的意愿，张秀昊的妻子、父母和儿子都非常支持，他们还主动承担了轮流接送张秀昊上下班的任务。看着笑容一天天重新回到张秀昊的脸上，家人也一天天卸下了心中的重负。

如今，张秀昊已连续工作了9个年头，他越做越得心应手，越做越有信心。张秀昊的家人为他取得的成绩而骄傲，更为他重新找回了生活的目标而高兴。

在张秀昊的父母家采访那天，我没有见到他的妻子和儿子。张秀昊说，妻子李兰这几天正在病中，儿子宇宇在上海读大学。

说起宝贝孙子，张秀昊的父亲说，儿子是秀昊的命根子，是他的全部。

听到这句话，我忍不住流下了眼泪。是的，宇宇是秀昊的命根子，而秀昊又何尝不是他父亲的命根子呢？

当年张秀昊深陷命运的低谷之时，他的父母、妻子、儿子给了他强大的支撑，如今，他的父母逐渐老迈，妻子体弱多病，儿子正在成长，张秀昊再一次感到重任在肩，他必须强大起来，成为全家人的精神支柱，就像他父亲当年一样。

我突然想起当年秀昊爸爸那一场痛哭，就问张秀昊："爸爸当年担心你无法独自上厕所，现在这个有问题吗？"张秀昊大概没有想到一个女记者会问这样的问题，大笑，说："完全没有问题。那是因为我父亲对残疾生活不了解，所以才会担忧。就算那些残疾程度比我严重的人，日常生活也大多能自理。"他开心大笑的样子感染了我，我也忍不住笑了。

秦主任在一旁说："陈老师，你加一下秀昊微信，以后有什么需要补充的你们可以直接联系。""还有微信啊？"我很好奇，扫了他的微信二维码。张秀昊用左手的残肢把手机抬到耳边，用右手的手指划动手机屏幕，他的手机就发出速度很快的语音报读。秦主任介绍说，秀昊的微信操作可熟练啦，他每天还把当天的接警情况汇总起来，通过微信发给局领导和相关部门负责人。

从此以后，我的微信朋友圈里多了一个特殊的盲警好友，并且时不时地，他会去我的朋友圈里点赞。

采访结束，张秀昊又把我们送到楼下，站在楼梯口，挥起右手向我们告别。他久久地站在天柱骤然而至的冷风冷雨里，像哨兵，像雕像，像松树，挺拔且高大；像天柱县城东郊的石柱，突兀峻拔，凌云擎天，傲然屹立于天地之间。

（作者系上海市公安局指挥部民警，中国作家协会会员）

当我面对一位英烈妻子

程　华

【引　言】2018 年 2 月 18 日，大年初三。上午 11 时许，重庆市公安局渝北分局交巡警支队石船公巡大队副大队长杨雪峰带领民警、辅警在石船镇疏导交通时，对违法驾驶的张某进行纠违，让其到大队接受处理。张某不满，回家拿尖刀返回，趁杨雪峰不备时行凶。身中数刀的杨雪峰仍将嫌疑人紧紧抓住，直至嫌疑人被赶到的同事控制住，自己终因伤势过重，不幸因公殉职。因为宣传的需要，作者专程采访了杨雪峰的妻子黄雅莉。

此时，黄雅莉就坐在我的斜对面，离我很近。

我看似轻松地瞅瞅黄雅莉，其实是在观察她。她中等个子，一身合体的法院工作制服，衬得身材纤秾合度。她伸手捋了捋散在肩头的中长卷发，眼神柔和中透着几丝疲惫。

我收了收有些紧张的心绪，拿出手机，也对她微微一笑："我可以用这个录音吗？这样效率会高些。我想尽量少占用你的时间。"

"好的。"她的嘴角微微上扬了一下。

这是一次令我惴惴不安的采访。黄雅莉的丈夫，杨雪峰牺牲后，整整两个多月，黄雅莉一直沉浸在悲痛中，连家都不敢回去，一直带着 8 岁的儿子在外租房住。可以想象，每一次采访，无异于在她流血的心上撒上一把盐，那种痛，难以言喻。

可这把"盐"，我还得咬牙撒下去。4 月中旬，按照市委宣传部的统一策划，我与几位文友受邀合作采写一本反映杨雪峰先进事迹的书。我负责撰写的，主要是杨雪峰牺牲时的现场还原，他的亲情、日常家庭生活情况等。无论哪个方面的素材，无疑都会牵涉到他的妻子。

两天之内，其他主体采访都顺利结束了。对于黄雅莉这个关键人物，我放到了最后。当我提出想去杨雪峰家中看看，以便进一步寻找一些鲜活的素材和细节时，杨雪峰的搭档、石船公巡大队大队长黄长富赶紧叮嘱我："不不，千万不要提出去他家！黄雅莉至今都不敢回家住。家里任何东西都让她睹物伤情，她太难过了……"

我当即取消了这项计划。尽管我知道，细节对于我的文章有多重要。但是对于英烈家属的体恤，比写好一篇稿子更重要，且重要一百倍。

几天后，我试着按分局政治处提供的手机号，给黄雅莉发了一条短信，表明了我的身份和所接受的任务，表达了想采访她的愿望。然而，一天过去了，没有回复。次日一早，我硬着头皮直接拨通了她的电话，第一次，她没接。半小时后，我又鼓足勇气打第二次，她终于接了，且同意了采访请求。我长舒了一口气。第一步，总算迈出去了。

次日一早，我提前半小时驾车赶到了渝北区人民法院大门口。约定时间一到，我立即打通了她的电话。于是，我们在她工作的立案庭一间空屋里，开始了交流。

此时，我按下了录音键。我的眼神，一刻都未离开她。我要随时准备着，在她情绪出现大的起伏的时候，暂停采访并安抚她。为了尽量少打扰她，我事先与创作组的几位文友商量好，由我代为采访他们需要了解的内容。我把所有采访内容条分缕析做好了详尽提纲，并随时准备根据现场情况做出调整。

其实，我并非首次进行这样的采访。2003 年到 2010 年，在市公安局宣传处期间，我先后从事影视宣传、公安报编辑工作，都需要进行大量的实地采访。无论是案件报道还是人物专访，这样的深入采访都是必要的。但这次采访难度很大，因为黄雅莉不一定有心力接受采访，而且因为情绪波动，她可能对很多问题会持回避态度。但是如果不能采访她，或者采访不够深透细致，我的创作计划可能就会搁浅。作为创作组里唯一的公安作者，我的压力可想而知。

还好，黄雅莉的情绪比我预想的稳定一些。虽然不时眼圈发红，但她适时停下，待平复些后，又接着讲。随着她的讲述，他们夫妻二人的深情挚爱徐徐展现在我的眼前，一个有情有义的优秀警察形象呼之欲出：从 16 年前两人邂逅，到婚后的点点滴滴；从大年三十的阖家团聚，到闻知噩耗的猝不及防……黄雅莉能逐字背出杨雪峰恋爱时写给她的情书，她记得婚后某个情人节杨雪峰送给她的 99 朵玫瑰，她想起杨雪峰时常带儿子练习拳击时说“男子汉长大一定要当军人报效国家”，她忆起杨雪峰不止一次对她说“当警察的家属就得随时准备别离，因为警察是和平年代里牺牲最多的职业”……说着这些时，她的嘴角甚至漾开了一抹微笑。凄楚、哀痛的情绪隐藏在笑容里，又带着一种倔强，一种深恸中的极度克制，让人不忍卒视。

我的鼻子发酸，眼泪几乎夺眶而出。我只能使劲地忍着，这时我怎能落泪呢？我怎能再刺激这位被悲伤淹没的女子？

我端起桌上的水，喝一口，借机掩饰。但她分明看见了我的神态。于是我们都停下，心照不宣地笑笑，聊几句无关紧要的家常，过几分钟，又接着开始。

我曾经在基层法院的工作经历，让我们有了更多共同语言；也许是女人与女人间的一种心灵默契，让她渐渐打消顾虑，敞开了心扉；也许是我与她之间的一种缘分，原定的两小时采访时间竟不知不觉延长到了三个多小时。她不但回答了我的所有问题，还提供了许多未对其他媒体提供的细节。更意外的是，她竟然邀请我去她家里看看。

我几乎不敢相信自己的耳朵。我委婉地问她："这，可以吗?"

在得到她肯定的答复后，我既激动又忐忑地跟着去了她的家。那是一个温馨的小家。墙上，到处挂着全家人出游的合影；书柜里，装着满满两千多册杨雪峰生前爱看的军事书籍；客厅里，小黑板上留着她节日里写给爷俩的"新年快乐"；书房里，电脑桌上原封不动放着杨雪峰和儿子的拳击手套……这个家，每个角落都氤氲着他的气息，每件物品都勾起关于他的回忆。

我的心绪不断起伏着。在征得她同意后，我又抓紧拍了几张书柜、书籍等物品的照片，作为写作的一个记忆提示。当我即将结束采访之际，黄雅莉说了这样一席让我永生难忘的话："他没有陪我到最后，就像坐车一样，他中途下车了。但是，嫁给他，我不后悔！这16年来，作为他的妻子，我值了!"

这几句话，我铭记在心。之后，我的好几篇关于杨雪峰的文章，无一例外都引用了这几句话。

很快，在有关部门以及采访对象的倾力支持下，我的写作任务圆满完成了。除了完成市委宣传部的任务，我还想让更多人了解杨雪峰，了解他的战友、亲人们的默默付出。5月25日，我撰写的以杨雪峰事迹为题材的四千多字报告文学《警魂长存》在《重庆晚报》刊出。此文一出，各方反响强烈。我的领导和同事、各地文友纷纷点赞。我还意外地看到黄雅莉在我朋友圈的留言："谢谢程姐姐的用心用情。"

之后不久，一个偶然的机会，我又一次见到了黄雅莉。市里组建了杨雪峰事迹巡回报告团，黄雅莉是成员之一。

当我们来到报告团驻地，还没来得及从车里出来，黄雅莉便跑上来拉住我的手，一迭声地唤我程姐姐。

眼前的她，一身黑衣，肩披一条黑底白花披巾，干净清雅，脸色似比一个月前好了不少。说起报告团的真诚友善和细致关怀，她十分感动："我得走出来，为了这么多关心鼓励我的人，为了我的儿子。雪峰走了，作为英烈的妻子，我要让他走得放心，安心。”

五月的重庆，林木葱茏。树荫下，我俩一起合影。我拍拍她的肩膀，附在她耳边轻声说：“小黄，希望你快乐!”她望着我，微笑。

（作者系重庆市公安局督察总队民警，重庆公安作协副秘书长）